物語 中世哲学史

アウグスティヌスからオッカムまで

ルチャーノ・デ・クレシェンツォ◉谷口 伊兵衛/G・ピアッザ=訳

目次

装幀・大石一雄

物語　中世哲学史

——アウグスティヌスからオッカムまで——

STORIA DELLA FILOSOFIA MEDIOEVALE
by Luciano De Crescenzo

はじめに

親愛なる読者諸賢へ

本書をもう購入されたのですから、本当のことを申し上げてかまわないでしょう。実はこれから読まれようとしているのは、正真正銘の中世哲学史ではなくて、この歴史時期への小旅行に過ぎません。タイトルがきちんとした本題を指し示していることは疑いありませんが、本文はしばしばすき勝手にあちこち脱線しております。たとえば、異邦人たち〔蛮族〕についての章とか、至福千年の章とか、聖フランチェスコの章とか、さらには哲学とは全然合わない魔女たちの章さえ出てきます。要するに、本書は哲学史というよりも、中世の重要ないくつかの局面をパノラマのように眺めたものなのです。

高校生のとき、私は運よく、二人の哲学教師に恵まれたのです。カッセッティ先生とヴァレンツァ先生で、両方とも優秀でした。ところで、お二人が本書を読んでくださることができたとしたら、どんな点数を私につけられることやら？　反対に現代の教師たちに関してなら、きっと誰かは本書に受け入れ難い近似法を発見することでしょう。しかし、私がこれを書いたのも、より若い読者のみなさんの手助けをするためだったのです。現に偉大なアヴェロエス（イブン・ルシュド）も言っていたように、およそ哲学書を書く人は少なくとも三回書くべきでしょう。一回は同僚のため、一回は生徒のため、もう一回は民衆のために。ところが、どういうわけか、大学教員たちはいつも一回きりしか、つまり、学界の仲間のためだけに書いています。私自身は家では三つの違った喋り方をします。第一は娘のパオラと話すとき、第二はフィリピンのお手伝いさんと話すとき、第三は七歳になったばかりの孫ミケランジェロと話すときの喋り方があるのです。

私は思い出すのですが、かつて〝悪い〟ジャーナリスト、アルナルド・バニャスコによってテレヴィ局に招かれたことがあります。〝悪い〟にクォーテーション・マークを付して強調しておきます。何しろ、スタジオ入りする前に、彼は番組のテーマを私に先回りして洩らそうとはしなかったのですから。彼は言ったんです、「今に分かるでしょうが、きっとすてきな不意打ち《ビックリ》になるでしょう」と。それで、私は何気なく、彼の後についていったんです。そして、本物の死刑囚射撃隊の前に私は立たされたのです。そこに居たのは、もっとも著名なイタリアの哲学者の内の数人――エマヌエーレ・セヴェリーノ、ジャンニ・ヴァッティモ、カルロ・アウグスト・ヴィアーノ、ジローラモ・コトロネーオ、セバスチャーノ・マッフェットーネ、ルーチョ・コッレッティ――で、さらに、これでは十分でないかのように、中継によりアントニオ・コゼンティーノとインドロ・モンタネッリも加わったのです。

バニャスコは私を紹介しながら、こう言ったのです、「みなさんの前に、ここに居るのは、物語ギリシャ哲学史を書いた著者で、自分では哲学者や哲学史家だと思い込んでいる人です。みなさんはどうお思いでしょうか？」

彼はこれ以上にひどく、私を紹介することはできなかったでしょう。他方、番組進行係の義務は、討論の口火を切ることにもあるのです。

最初に口火を切ったのは、モンタネッリでした。

「実を言うと――と彼は言いました――私はデ・クレシェンツォのギリシャ哲学をまだ読んでいません。でも、この本がそれほどたくさんの人びとにより、世界中のこれほどの国々で読まれることに成功した以上、彼に神のご加護を賜わらんことを！　とはいえ、彼を待ち構えているのはしんらつな批評だということは覚悟すべきです。こんなことをいくらか承知しているのも、私も、世人が言うには、楽しく読める『イタリアの歴史』をかつて書いたことがあるからです。」

ところで、言っても信じ難いことながら、これら哲学者たちの誰ひとりとして私に発砲しなかったのです。むしろ、みんなが私に一種の共感を表わしたのです。たぶん、彼らどうしで少しばかり口論したのでしょうが、私に対してはいかなる批判も提起されませんでした。とりわけ、私が自分は哲学史家であるとも、ましてや哲学者であると感じてはいないことを言明した後では。正確には私はこう言ったんです、「僕は図書館の中に居かれていて、最上段の棚から書物を取り出すことを可能にする、三段だけのあの踏み台の一つだと思っています」、と。

私が付言したかったのは、勉強するとき決め手になるのは勉強する意欲なんだということです。生徒は教科に熱中すればするほど、それが分かりやすくなります。私の意図は当時も今も同じなのです。それは「十六歳の少年に哲学を知りたいという意欲を起こさせること」なのです。ときどきこれには成功しますが、失敗もします。大事なのは試みることです。そこには、さらに私なりの語り方――(残念ながら)或る人びとからは〝ユーモア風〟(umoristico)と決めつけられたやり方――もあるのです。でも時折洒落が出ても、それは私のせいじゃありません。このことに関しては、この機会を利用してはっきりさせておきますと、当初、哲学書を書くように私に勧めたのはモンダドーリ社の編集者ではなくて、字謎《アナグラム》の一マニアだったのです。彼らは『物語ギリシャ哲学史』（STORIA DELLA FILOSOFIA GRECA）なるタイトルを取り上げ、これのアナグラム遊びをしたのです。結果として表われたのは、「笑え、そして大衆を啓発せよ」（RIDI E FAI FOLLA GROSSA E COLTA）だったのです〔『物語ギリシャ哲学史』Ⅱ（而立書房、二〇〇二年）題辞参照〕。

小説はエッセイとは違って、始めから終わりまで筋がともないます。ところで、私の物語中世哲学史にも一つの筋があります。正確に言うと、信仰と理性との間で千年間続いた戦いでして、信仰はたびたび勝利しましたが、理性は実際上、全敗でした。信じるためには読むことです。ホットな話題ならあり余るほど存在します。私自身、若干の話題のためにひどく苦労しました。私のビルに住む或る哲学教授にときどき助けを求めなくてはなりませんでした。ある概念をよりよく説明してもらうためです。たとえば、存在論とか、普遍概念といったものを。とりわけ分からないのは、どうして若干のテーマを中世の哲学者たちがかくもくどくどと論じたのかの理由《わけ》です。ことに奇妙なのは、彼らが神は存在することを証明するためにさんざんほねを折っていることです。だって、この世で証明される必要がないものが一つあるとしたら、まさしく神の存在なのですから。遅かれ早かれみんなが確かめざるを得なくなる〔死の〕瞬間には、無神論者〔無信仰者〕でいることに同意する人は居りません。せいぜい不可知論者たちなら見つかるでしょうが、彼らとて、実を言えば、そこの、死の瀬戸際にいて、かすかな望みを持ち始めるとしたら、そのときには――パスカルの言を用いれば――〃はい〃に賭けるほうがましなのです。

かつてアリストテレスは「今や、われわれは発明すべきだったものはすべて発明した」と申しましたし、彼がこう主張したのは、西暦紀元前四世紀のことです。仮に彼が今、私の目の前の、コンピューターの傍に座しているとしたら、こう言ってやることでしょう、「アリストテレスよ、君もばかなことを言ったもんだな、まったく。テレヴィ、電話、自動車、飛行機、コンピューター、これらは誰が発明したんだい？　俺たち、二十世紀の人間なんだ、と認めなさいよ！」

でも、彼は私にこう言い返すことでしょう、「何、君は発明したと思っているのか？　君が発明したのは延長なんだぞ！　だってさ、テレヴィは視力の延長だし、電話は聴力の延長だし、自動車は足の延長なんだからね。しかも人間……生死の謎をもつ人間は、かつても今もそのままだ！　人間に関して言うべきものはすべてわれわれ〔古代〕ギリシャ人が言ったんだぞ、何と二四世紀も前にね」。

終えるに当たり、哲学に疎い読者のみなさんに助言を一つ。こなし切れない章に出くわしたなら、気にしないで飛ばしてください。読み終えてから、後でちょっとでもそこに戻ってみてください。重要なのは、中世とは何だったのかを理解することなのです。ある人びとにとって、それは忘れるべき暗黒時代でした。逆に、筆者も含めて、ほかの人びとにとっては、魅力のある歴史の一部分なのでして、これを知らないではいられないのです。

ルチャーノ・デ・クレシェンツォ

第1章　懐疑と信仰

暗黒の世紀が話題になると、私の念頭に浮かぶ質問は二つある。いったいこれはいつ始まったのか、そして光を消したのは誰なのか？　前者に関しては、中世の始まりは西暦紀元三一二年、つまり、コンスタンティヌス皇帝が古代ローマの軍団《レギオン》兵士たちの盾の上に十字架を刻むように勧める声を聞いた年にしたい。この声は天から降ったと言う人もいれば、それは天幕の裏に隠れて宗教的な入力《インプット》を彼に発していた、彼の母親だったと言う人もいる。後者の光に関しては、私には疑いがない。教会のせいだったのだ。しかし、私のもっとも親愛な家族をも含めて、すべての信者たちを敵に回す前に、私にとって哲学とは何ぞや、ということをここで説明しておきたい。

哲学とは、一つの考え方、端的には一つの生き方ですらあるし、それは科学と宗教との中途にあるものなのだ。世の中には、知られているものと、知られてはいないが埋め合わせに信じられているものとが存在する。前者は科学の一部に属する（一〇〇度で沸騰する水のようなもの）し、後者は宗教に属する（ダンテの言う場所をも含んだ、〃あの世〃のようなもの）。最後に、知られてもいないし信じられてもいないものが存在する。たとえば、有についてはパルメニデスの時代以来、いろいろと論じられ、争われているが、これらのものこそ、まさしく哲学にほかならない。

さて、キリスト教の到来以前にわれわれはどういう状態に置かれていたかを見るとしよう。科学はまだ学校で学ばれていなかったし、宗教は俗人たちを怖がらせるほど普及してはいなかった。銘々が好きな神を自分で選ぶことができたし、他人に暴力で無理矢理それを強いたりする者は皆無だった。こういう視野の広さの象徴、それがパンテオンだったのであり、この神殿は西暦紀元前二七－二五年にマルクス・アグリッパによりローマ〔のマルスの野〕に建てられたのだが、これを強く欲した〔改築した〕のは皇帝ハドリアヌスだった。パンテオンへは誰でも出入りして、お気に入りの神に祈ることができた。偉大なハドリアヌスは当時の共同体から追放された者〔異邦人〕たちに言っていたのだ――「あんたたちの神を信じたいの？　敬いたいの？　ノー・プロブレム。(1)パンテオンの中に片隅を見つけて、お気に入りのものに祈りなさい。ただし、近くに居る人たちに迷惑をかけないように」。なお、パンテオンのギリシャ語の意味は、「あらゆる神々を祭った神殿」を指しているのである。ハドリアヌスはこれ以上に大きな自由を与えることはできなかったであろう。このことに関しては、この美徳の大家ヴォルテールが、『寛容論』第8章の中で述べていることを読むとしよう。

古代ローマ人にあっては、ロムルスからキリスト教徒がローマ帝国の僧侶らと口論に及ぶ時代にいたるまでの間、その見解のために迫害を受けた者はただの一人も見当らない。キケロは一切を疑い、ルクレティウスは一切を否定した。しかしそのために露ほどの非難も浴びはしなかった。その自由放任ぶりは、はなはだ徹底しており、博物学者プリニウスは、その著書の冒頭で神を否定し、神があるとすればそれは太陽であると述べているほどである。キケロは冥府に触れて、「ソレヲ本気ニ信ズルホドニ愚カナ老婆スラモナシ」と言っている。「……死ンデシマエバ何モ残ラヌ。死スラモ無シ」（セネカ『トロイアの女』第二幕の合唱）。（中川信訳『寛容論』現代思潮社、一九七〇年、四九－五〇ページ）。

その後、残念ながら、ユダヤ教、キリスト教、イスラム教といった、大いなる一神教が到来し、寛容は破滅したのであり、それとともに哲学も破滅したのだった。

生涯において、哲学者になろうと決心するときには、遵守すべき規則が三つある。正確には、ἀπορία「懐疑」、ἐποχή「判断中止」、ἀπάθεια「無感動」である。私はと言えば、誰かから意見を求められるたびに、当初は答えない。それから、どもりながら、「たぶん」と言い始め、そして最後に、もっぱら頭をひねって、考えられることしか言わない。ところで、信仰をもつ人びとにもっとも迷惑をかけたものこそ、懐疑だったのだ。実際、聖職者を困らせるのは、無神論者というよりも、絶えず質問を自らに課している人のほうなのである。

宗教が及ぼした最大のダメージの一つ、それは男根のお守りを消失させたことだ。実際、古代ローマ時代には、もっとも普及していたマスコットは〝小ペニス〟、つまり、勃起した男根の形をしたテラコッタの品物だった。今日でもポンペイやエルコラーノでは、各家の入口の扉の外の、右上に、豊饒のシンボルたる小さな男根が彫り込まれているのを見ることができる。それから、キリスト教が権力を握るや、マスコットの男根は禁止され、貧しいお守り売りたちは生き延びるために、それを角の形にまで様式化せざるを得なくなったのである。

西暦紀元四世紀にローマでキリスト教が幅をきかせたため、当初から信仰と懐疑とが正面衝突することになったし、直接の結果としては、宗教の独裁を生じさせた。だが、十把《じっぱ》一からげにする前に、少なくとも初期においては、キリスト教は立派な睾丸持ち――これは失礼、言わんとしているのは、稀有の頭脳を有していたという意味である――の三聖者、つまり、聖アウグスティヌス、聖アンブロシウス、聖ヒエロニュムスを戦いに加えた、ということを認めるほうが筋が通る。にもかかわらず、あらゆる尊敬に値するこの三人組から始まりながら、中世が建てた建物の土台をなしていたのは、異教の一哲学者、つまり、プロティノスだったのである。

プロティノスとは何者だったのか？　言ってみれば、正気の沙汰を逸したプラトン・ファンだったのであり、あまりにも熱狂したため、ついには皇帝ガリエヌスに、カセルタ〔イタリア南部カンパーニャ州の都市〕の近くにプラトノポリスという哲学都市をつくり、そこの住民たち全員にプラトン――より正確には新プラトン――の掟に則って生活させるようにすることを申し出たほどだった。

五〇年間ずっとプロティノスは何も決して書こうとは欲しなかった。その後、ある日突如、教材を入念に練り上げたため、弟子のポルフュリオスが師匠の六つの思想集を整理することになる。各コレクションは九グループに下位区分されたので、『エネアデス』（ギリシャ語で「九」を意味する ἐννέα より）と呼称された。その中では、倫理学、物理学、時間、霊魂、知性、有のことがきちんと語られている。ところでよく知っておいて頂きたいのだが、中世の最初の思想家たちはみな、プロティノスや新プラトン学派に何かを負うているのである。実際プロティノスは古代哲学と中世哲学のフィルターとなりながら、そこに僅かばかりオリエントの宗教や神秘主義を付加したのだった。彼について、聖アウグスティヌスは言っている、「彼の書き物の中の何らかの言葉を変えるだけで、完璧なキリスト教徒が現われるだろう[2]」、と。

さて、今度はイエスを話題にしよう。ローマ帝国から見れば、当初、彼に生起したことはすべて何ら重要ではなかった。仮に当時、新聞が出ていたとしたら、キリストのはりつけは最終ページの数行の囲み記事の中に追いやられたであろう。捕らえられて十字架にかけられた予言者の数は何千にも及んでいたし、皇帝の座にあったティベリウス〔第二代ローマ皇帝（前四二－後三七）〕は彼らの名前すら知らなかったのだ。ティベリウスにとっては、この一つの殉難はオリエントの領地の周辺部で起きた小さな出来事に過ぎなかった。当時猛威を振るっていた宗派は夥《おびただ》しかったから、一つ増えようが、一つ減ろうが、そんなことで彼はきっと不安にはならなかったであろう。しかしキリスト教が異常なくらい受け入れられて、ついには皇帝コンスタンティヌスが臨終の床で洗礼を施してもらった日に、決定的に公認されるに至ったのである。歴史家たちの語るところによると、皇帝は息を引き取る寸前に、洗礼を施している司祭に、「間違いないだろうね」と念を押したとのことだ。でもだからとて、われわれは宗教哲学を云々することはできない。そもそも〝宗教哲学〟なる表現それ自体、用語矛盾なのだからだ。

どの宗教も人間の抑えがたい要求、つまり、死後も永久に消滅したくないという要求から生まれている。霊魂や彼岸（あの世）はここからつくられる。それから、創造者が神、アラー、エホバと呼ばれようと、そんなことは何の重要性もない。司祭たちは信者に、「あなたの宗教の原則に従って生きなさい、そうすればいつか報いられるでしょう」と言い、その後ですぐに、真の生活はあなたが今この瞬間に生きているものではなくて、死後にあなたが生きるであろう、次の生活なのだ、と説いている。その後では、信者は何でも、殉教でも受け入れることができる。だから、度を過ごす者は神風特攻隊のやり方をおっ始め、ツインタワーに突入したりする。最後に、人間に生来のこういう過度な要求を悪用して権力にたどりつこうとする者もいるし、そうなると、この事象は宗教的なものから政治的なものに一変する。実際、最近でも某閣僚評議会議長(3)も断言したように、西欧はイスラムより進歩していると言うのは、ナンセンスなのである。むしろ、イスラム教徒たちは総じてキリスト教徒たちよりも宗教に熱心だと言えば十分だったであろうし、そう言えば、誰も立腹したりはしないであろう。

懐疑と信仰との闘争では、私は懐疑を熱狂的に支持する。大人になったとき、私は動詞「信ずる」(credere)を動詞「希望する」(sperare)に取り替え、また動詞「信じない」(non credere)を動詞「恐れる」(temere)に取り替えたのである。まあ、言ってみれば、〝死後〟(dopo)に何かが存在することを希望しているのだ。しかもそれを希望しているのも、私だけのためというよりも、母のためなのだ。なにしろ、母はかわいそうに、一生祈り続けたし、毎朝、教会に行き、八三年間というもの、どんな小さな罪も犯しはしなかったからだ。生涯、たった一人の男――私の父――しかいなかったし、悪口を一つも言ったことはなかった。父が「畜生め……」と罵倒のそぶりを見せ始めるや、母はすぐさま「とわにほめたたえられんことを」をもって遮り、万事は節度を回復するのだった。だから、母が昇天したら、いつも彼女が想像していたように、楽園が見つかること、そして、正門の下では聖ペテロが鍵束を手にして、彼女を歓待していた、彼女にもっとも親しいすべての聖者と一緒に、待っていてくださることを、私は望んでいる次第だ。逆に、優しい神の代わりに、アメリカインディアンの羽根を頭につけたマニトゥ[4]を見つけでもしたら、さぞかしがっかりすることだろう！

（1） 実際にはハドリアヌスは“no problem”ではなくて、“nihil《ニヒル》 morae《モラエ》”と言ったのである。
（2） プロティノスに関しては『物語ギリシャ哲学史』Ⅱ（而立書房、二〇〇二年）、二七八－二八六ページを参照されたい。
（3） イタリアの現首相ベルルスコーニのこと。（訳注）
（4） 北米インディアン社会の超自然的な存在。（訳注）

第2章　聖アウグスティヌス

信仰と理性との不可能な共存が偽りであることを示すために、私の前に立ちはだかっているのが、キリスト教の教父神学の最大の代弁者、聖アウグスティヌスである。まず言っておくが、聖アウグスティヌスよりも理性的で、かつ信仰の厚い人はかつて居なかったのだ。ところで、いかなる罪からも許されるためには、たった一つの告白録だけで――どんなに見事に書かれていたにせよ――はたして十分なのかどうか私には分からない。しかし、もしそんなことが可能だとしたら、彼、私のアゴストがこの瞬間に天上からそっと私を見張っていることだろう。

彼の生涯は想像しうる以上にひどく混乱していた。生まれたのは西暦紀元三五四年、アルジェリアのタガステーである（ほとんど黒人だった）。その後、マダウラに移住し、そこからカルタゴへ移り、ここで高等な勉強を終えた。父親パトリキウスは異教を信仰する農民だったが、母親モニカはこれ以上いないくらい熱心なカトリック教徒だった。二つの宗教で不安になった彼は、マニ教徒の教説を信じ、この宗派の熱心な信奉者となった。九年間、この宗派に留まったのであり、（彼の言葉を用いると）「迷わされながら迷わし、だまされながらだましていた」[1]のだが、とうとうマニ教の司教ファウストゥスの人柄を知り、気分を害されてこれから身を引いたのだった。

十九歳のときキケロの『ホルテンシウス』（残念ながら散逸してしまった）を読み、このときから古典文化にこの上なく興味を覚える。「この書物は私の気持ちを変えてしまった[2]」と彼は書いているし、その後、彼は見つけることができただけ多くのギリシャ・ラテンのテクストを読み始めた。それだけではない。星座の研究にも熱中したのだが、占星術に堕することは決してなかった。『告白』の中でも「これをしたのは、金星である。あるいは、土星である。あるいは、火星である」と言ったり喧伝したりする「あの占星家と呼ばれる詐欺師たちに心をうちあけて相談することはやめなかった[3]」と語っている個所があるし、それからこうも付言しているのである――「もし誕生日がほんとうに人間の生涯に影響を及ぼすのだとしたら、二人の双子は同じ運命をもつことになろう」。

十六歳のとき、自分より若くもない女性に入れ込んで、妊娠させてしまう。一二年間、夫婦のように生活し、アデオダトゥスという息子を授かる。まだごく若年のときに、カルタゴで文法と修辞学の教師となった。それから、当時の流行だったのだが、ローマに移住し、そこからさらにミラノ（メディオラヌム）へ移り、ここで修辞学の副教授に就いた。旅を通じてずっと二つの苦悩が彼についてまわることになる。一つは船酔い、もう一つは何かと口実をつくって母親を船から降ろしたことへの呵責である。

「私はちょっと港に行き、ローマに出発予定の友人に挨拶してから、戻ります。しばらく聖キュプリアヌス教会の中で待っていてください[4]」と彼は母親に言ったのだった。

聖アウグスティヌスは雄弁家としては想像しうる限り最上だった。彼は知ったかぶりをして喋りまくるのだった。ノートとか草稿とかは必要なかった。どんな質問に対しても余裕綽々《しやくしやく》と答えたし、彼に耳を傾けた人びとはすっかり魅せられるのだった。彼は何時間でも話せたであろうし、みんな彼に追随したであろう。
ミラノで彼は母親モニカに追いつかれ、母親からは、最初の愛人を捨てて、裕福な家庭の十一歳に過ぎない少女と婚約するように勧められた。この計画は彼が一度は世帯を持ち幸せになるのを見ることだったのだが、結婚するための最低の年齢が十二歳だったので、婚礼の日は延期された。それで彼は、ただ一人寝しない目的からだけだが、婚約者よりも練達した、より肉付きのよい愛人を自分で見つけたのだった。
婚約やその他の合間に、彼はミラノ司教、聖アンブロシウスと識り合い、このときから、彼の宗教的確信が突如一変した。彼はより重要な何かの必要を感じ始めた。『告白』の中で彼本人もこう語っている。

古くて新しき美よ、おそかりしかな、御身を愛することのあまりにおそかりし。（……）御身は呼ばわりさらに声高くさけびたまいて、わが聾《ろう》ぜし耳をつらぬけり。ほのかに光りさらにまぶしく輝きて、わが盲目の闇をはらいたり。（……）御身はわれにふれたまいたれば、御身の平和をもとめてわが心は燃ゆるなり。(5)

この時点で、あらゆる経験、あらゆる出会いが、正道とはこれなのだ、ということを彼に納得させたのだった。聖アントニオスの禁欲生活、シンプリキウスが語ったウィクトリヌスの改宗、聖パウロの手紙、これらが彼を完全な一キリスト教徒にすることになろう。三八七年四月二十四日から二十五日にかけての夜中の、復活祭の徹夜中に、アウグスティヌスと息子のアデオダトゥスは、聖アンブロシウスの手そのものから、ミラノで洗礼を受けたのだった(6)。

実際に、改宗への気配は数年前、彼がまだタガステーにいたときにすでにあったのである。ある日、庭で休んでいたとき、彼はわけもなく泣き出したのだ。ところで、まさしくそのとき、彼は「とれ、よめ。とれ、よめ(7)」という子守歌を唱えている少年かまたは少女の声を聞いたのである。そこで彼はぱっと立ち上がり、家に戻って、手にした最初の本、福音書をつかんだ。ふと開けてみると、次の句が目に入った(「ロマ書」第一三章一三節以下)。

宴楽・酔酒に、淫楽・好色に、争闘・嫉妬に歩むべきに非ず。ただ汝ら主イエス・キリストにのみ平和と休息を見いだし得よう(8)。

右の挿話とは別に、彼は洗礼を受けてからすぐアフリカに取って返し、修道院を建立させ、そこで、ヒッポの司祭に任ぜられるまで、隠遁生活をすることになる。まさしくこの時期に、いつも夜中に、彼はその最良の著作を書いたのである。『告白』、『神の国』、『三位一体』、『キリスト教の教え』、『山上の説教』、『ロマ人への手紙』、『真の宗教について』、等々を。しかしもちろん、こうしたすべてをもってしても、自らのエロチックな夢の苦しみから解放されることは決してなかったのである。世捨て人になっても、それは或る程度までの話なのだ。そのことを悟るには、『告白』中のあちこちに散在する若干の文言を読めば十分である。

――「われに貞潔とつつしみの徳を与えたまえ。されども、いますぐに与えたもうな。」（『告白』、第八巻第七章、山田晶訳、二七四ページ）
――「自分はとうてい独身《ひとり》では暮らせない。」（『告白』、第六巻第十二章、山田晶訳、二一二ページ）
――「堕落した意志から貪欲が生まれ、貪欲から習慣が、習慣から宿命が生まれる。」
――「愛せよ、それから欲することをなせ。」
――「私はあなたの教会の壁の中で〔……〕さえも欲情をおこすことを〔……〕あえてした。」（『告白』、第三巻第三章、山田晶訳、一一〇ページ）
――「《恋し恋される》ということは、恋する者のからだをも享楽しえた場合、いっそう甘美だった。」（『告白』、第三巻第一章、山田晶訳、一〇六ページ）

要するに、今、私は一聖者の話をしているのだが、彼を信じるのに少しばかり苦労するのである。でも、再考してみると、彼が正しいことが分かる。清らかな心で愛する限りは、すべては――エロチズムさえ――許されるのだし、ひょっとして私でもいつか、聖性をもつのだとうぬぼれたことを言えないとも限らないのだ。結局、アウグスティヌスは人生においてたった一つ罪を犯したのだ。それはイタリアへ赴いた日に、母親を欺いたことである。

四三〇年（八月二十八日）、アウグスティヌスはゲイセリクス（（?－四七七）ヴァンダル族初代の王（在位四二八－四七七）。カルタゴを首都に王国を創建した。）

のヴァンダル族がヒッポを攻略するさなかに没した。遺体はその後、ロンバルド族の王リウトランドに引き取られ、パヴィーアのサン・ピエトロ・イン・チエル・ドーロ教会に葬られた。

聖アウグスティヌスが論じた主題は要するに四つである——罪、時間、神の国、ペラギウス説に対する論争。

罪の概念に関しては、梨の盗みにまつわる挿話が啓発的だ。以下に、文字通り敷き写ししておこう。

> 私たちの葡萄畑の近くに、実のなった一本の梨の木があったが、その実は形といい味といい、とりたてて魅力のあるものではなかった。この木をゆり動かして実を落とすため、われわれ邪悪な若僧どもは、真夜中にしのびこんだ。それまで私たちは、いとわしい習慣によって、広場でだらだら遊びつづけていたのだ。そしてどっさり実をもぎとったが、自分たちの御馳走にはしないで、結局豚に投げてやるかどうかしてしまった。もっとも私たちも、いくらかは食べたが、それは、禁じられていることをするのがおもしろかったからにすぎない。[9]

私にも実は幼いころ、このような経験があったことを思い出す。十歳か十一歳のころかと思うが、デパート《リナシェンテ》で友だちと一緒に「万引き」に出かけるのが習慣だった。売り場に接近し、何くわぬ顔でポケットに入れやすい品物を何でも素早くつかむのだった。ときには色鉛筆、ときにはチョコレートを、ところが或る日、客が私を見てどなりつけたのだ、「何してるんだ?」と。すると私はこの上なく愚かにもこう答えたのである——「できることを。生活は利口者のためにあるんだ」、と。とはいえ、私の家族は裕福だったし、私が要求するだけで、欲しいものをくれたであろう。

反対にセックスに関しては、われらが聖者は明白な考え方をしていた。すなわち、彼は色欲を恋愛から、時折りの性関係を深くて意識的な愛情から、峻別していた。やはり『告白』の中で彼はこう語っている。

〔十六歳のとき〕私をよろこばせたのは、「愛し愛される」、ただそれだけだった。〔……〕それゆえ私は友情の泉を汚れた肉欲で汚し、その輝きを情欲の地獄の闇でくもらせてしまった。(10)

どうやら聖アウグスティヌスが煉獄を発見したらしい。(11) なにしろ彼以前には（プラトン『共和国』中のエルの物語を参照）、途中の道は知られていなかったのだ。天上の草原に昇って、歓楽と極上の音楽を味わうか、それとも、黄泉《よみ》の国に落下して、炎と苦悩に包まれるかのいずれかだったのだ。ところが、聖アウグスティヌスは或る日、その著書『神の国』の中でこう書き記したのである。

主よ、私をお憐み下さい。私は罪を犯したこと、そして天国に行けると希望できないことを知っています。しかしまた、地獄に値いするほどひどい罪人ではないことも知っています。私が犯した罪を償い、後で至福の霊たちの間に受け入れられるための場所、余地が私には必要だろうと思うのです。(12)

だとすれば、この場所は煉獄をおいてほかにはあり得なかったろう。要するに、キリスト教徒たちが待ち構えている霊魂たちのために祈るように誘われることになる駐車場なのだ。煉獄は今日でもナポリで大人気の場所なのであって、そこでは、セリエA《アー》の魂たちのためよりも、セリエB《ビー》の魂のために祈りが捧げられるのである。端的には、そこでは生者と死者とのお世話の交換が行われており、万事は祈りとロット抽選の数とから成り立っているのだ。

アウグスティヌスの好みのもう一つの主題は時間である。彼の有名な警句でこれまでに世間周知のものを示そう。

ではいったい、時間とは何でしょうか。だれも私にたずねないとき、私は知っています。たずねられて説明しようと思うと、知らないのです。⑬

聖アウグスティヌスにとっては、過去はもはや存在しない以上、実在しないし、また未来はまだ存在しない以上、実在しないし、さらに、現在は存在しない二つのものの分離である以上、実在しない。彼の主張によると、この世に存在するのは三種の時間だけである。つまり、〝記憶〟という過去の現前、〝希望〟という未来の現前、〝直観〟という現在の現前、である。とどのつまり、彼は、時間とは「魂の延長」(distensio animi) にほかならない、と結論している。その後で彼は自問するのだ——

「だが神は世界を創造する前に何をしていたのだろうか?」と。「何もしてはいなかったのだ」、と彼は答えを抽き出している。なにしろ、〝前〟も〝後〟も、人間だけに触れうる概念であって、神に触れうる概念ではないからだ。したがって、プラトンはゼウスが粘土の小像に息を吹きつけてそれに生命を刻んだと想像していたのだが、聖アウグスティヌスはこれとは違って、神様を時間とは無関係な永劫の現前と見なしているのである。このことはつまり、「神以前には〝前〟もなかった」と言うのに等しい。他方、アリストテレスもすでにこういう意味のことを表明していたのであって、彼は、〝時間〟とは「前と後との距離を測る数である。ただし、前や後が存在しないところには、時間も存在しないであろう」と言っていたのである。

『神の国』の中でアウグスティヌスが主張しているところによれば、アメリカ人たちは自分の都市や帝国を創建しながら、歴史を創ったと思っていることになるのだが、その歴史たるや、神の国の歴史にしか過ぎないのである。本当を言うと、この聖者は正確には「アメリカ人たち」と言ってはいないし、しかも彼を読むと、正しくは彼らに反感を抱いているかに見える。換言すると、相互にまったく異なる二つの国が存在することになろう。肉体の国と精神の国とであって、ちょっと注意してもらいたいのだが、精神の国とはわれわれが今日生きつつある国ではなくて、来世の国のことなのだ。

二種の愛が二つの国をつくったのであった。すなわち、この世の国をつくったのは神を侮るまでになった自己愛であり、天の国をつくったのは自己を侮るまでになった神への愛である。(14)

明らかに善悪の永遠の闘いといった、マニ教的なものが彼にくっついたままだったのに違いない。

この時点でわれわれが話題にすべきは、ペラギウス主義とその結末だけである。ペラギウス（三六〇?－四二〇?）とは、「海の人」を意味し、五世紀の初頭にローマにやってきたアイルランド系修道士だった。約言すれば、この異端説は、原罪の重要性を否定し、各人は個人的に犯した罪だけの責任があるという原則を主張することにあった。ところで、この教説は教会にとって不都合なものだった。前科なく生まれるというのは、洗礼により原罪から清めてくれる司祭を必要としないことを意味したからだ。聖アウグスティヌスとしても、この種の主張に対しては明確な態度をとらざるを得なかったし、そのために、ペラギウスやその信奉者たち――その内でもっとも有名だったのはケレスティウスである――に不快顔で敢然と立ち向かった。こうして自由意志の問題が生じたのであり、それは現代にまで荒れ狂い続けているのである。

アウグスティヌスの主張するところによると、(15) 全人類はアダムとイヴとともに罪を犯したのであり、だから、この世に生を受けた初日から、われわれは原罪というこの恐ろしい重荷を背負っているのである。ところがペラギウスは逆に賛成しなかったし、少なくともこのために司教たちから有罪とされ、北アフリカ、さらにパレスティナへと放浪の後、イェルサレムに移ったが、ここからも追放された。エジプトへ行ってからは、彼のことは何も知られていない。

しかし今日、実を言えば、彼は間違っていたと言えるだろうか？　ダーウィンは進化論をもって、アダムとイヴが存在しなかったこと、われわれは別の体形から生まれたことを詳しく証明している。私は進化過程のどの瞬間に――まだ多細胞的存在、魚、爬虫類、霊長目〔サル〕、直立人類（ホモ・エレクトゥス、原人）ないし現生人類（ホモ・サピエンス）だったときに――魂が私の胸に入り込んだのかは知らないが、しかしそれが罪を犯した魂でなかったことは確信している。そして、もし罪を犯していたのだとしても、各自に自分の罪を犯させればよいのであって、祖父や、曽祖父や、ひょっとして聖アウグスティヌスや、系図に載っている誰に対しても立腹しないことだ。

（1）アウグスティヌス（山田晶訳）『告白』第四巻第一章（「世界の名著」14、中央公論社、一九六八年）、一三〇ページ。
（2）同書、第三巻第四章、一一二ページ。
（3）同書、第四巻第三章、一三五－一三六ページ。
（4）同書、第五巻第八章〔山田訳本になし〕。
（5）同書、第十巻第二十七章、三六五－三六六ページ。
（6）同書、第九巻第六章、三〇三－三〇四ページ。
（7）同書、第八巻第十二章、二八五ページ。
（8）同書、第八巻第十二章、二八六ページ。
（9）同書、第二巻第四章、山田晶訳、九七ページ。
（10）同書、第二巻第二章、第三巻第一章、山田晶訳、九一、一〇六ページ。

(11) 同書、第二巻第三章、山田晶訳、九四ページ（「自分たちは何という深い淵からあなたにさけばねばならないか」）。
(12) 煉獄に関しては、『神の国』（*De civitate Dei*）第二一巻を読むことをお勧めする。
(13) アウグスティヌス（山田晶訳）『告白』、第十一巻第十四章、四一四ページ。
(14) アウグスティヌス（服部英次郎訳）『神の国』（岩波文庫（三）、一九八三年）、三六二ページ。
(15) Augustinus, *De peccatorum meritis et remissione*（『罪人の報いと赦しについて』）。

第3章　聖アンブロシウス

私が少年の時分には、インターはインターではなくて、アンブロシアーナと呼ばれていたし、守護聖者として聖アンブロシウスを擁していた。アンブロシアーナがナポリ・チームとぶつかるたびに、これを決定的に打ち負かしていたから、これだけでも、私はアンブロシアーナを全力をもって忌み嫌っていたし、このチームとともに、その守護聖者をも嫌っていた。その後、哲学を勉強していて、この思想家をもっとよく知ったし、とりわけ、友愛について語っていることのせいで、私はこの聖者を尊敬し始めたのだった。

友愛は人が感じうるなかで
もっとも美しい感情である。
友愛とは、人生の喜びや苦しみ
を分かち合い、また悲しみに
打ちひしがれているときには
心を打ち明けられる、隣人をもつという意味だ。(1)

アンブロシウスはこの上なくミラノの聖者である。彼が三四〇年より少し以前に、ドイツのトレーヴィリで生まれたのも偶然ではない[2]。何たることか、ちょっと考えてみるに、カール・マルクスもトレーヴィリ生まれだったのだ。もっとも私の知る限り、彼はミラノ人とは無関係だったのだが。顔からして、二人はまったく違う。アンブロシウスは小柄で、理性的で、ＩＢＭのマネージャーのタイプといった感じだった。逆に、マルクスは頭から足に至るまで毛むくじゃらの、かっぷくの良い男であって、人間よりもオランウータン（猩々《しょうじょう》）に似ており、南部イタリア人の〈悪しき〉性格をもっていた。要するに、二人の人間でも、これほどひどく違っているのは、想像できなかったであろう。

この聖者が生きたのは、異教の終焉と、キリスト教の到来とを分かつ歴史時期だった。この移行期はそれほど短くはなかった。幾年間か、さまざまな異端が対決し合いながら、それぞれ、他の異端より優位に立とうとした。イタリアでは、マニ教徒たちや、ケルト儀式の信奉者たちや、アレイオス派や、多神教徒たちさえ猛威を振るっていたし、後者は背教者ユリアヌス皇帝〔在位三五五―三六三〕とともに、逆火の場を得たのだった。とりわけアレイオスという、アレクサンドリアの司祭は、三位一体の教義に反対する異端運動で大成功を収めた。彼によれば、天地の創造者としては父なる神だけが崇拝すべきものだったのであり、御子はたとえまったく特別なものであっても、被造物であって、それで十分なのであり、聖霊は聖母の処女性を正当化するための巧みな方策だ、とされた。最後に過小評価してならないのは、マニが創出した宗教である。このペルシャの聖職者は人生を善と悪との永遠の葛藤と考えていた。マニの教説では、われわれ各人は常に不可視な二つの存在――天使と悪魔――をそばにもっているのであり、これらから違った勧告を受けている、という。私にはその確信はない。けれども、私に最悪のことを勧める声は、一度ならず聞いたことがある。

かくも多数の異端に決着をつけようとして、聖アンブロシウスは自ら、説教壇の上からこう言うのだった、「みなさん、ここに居られるのはイエスだけです。信じる人は信じていますが、信じない人は見放されるでしょう！」そして、こういうことに関して以下のように書いたのだった。

キリストはわれらにとってすべてである。
傷が痛めば、医者となる。
不正に苦しめられれば、裁きをする。
弱くて衰弱すれば、力となる。
死におびえるなら、生命となる。
天国に魅かれれば、道となる。
暗闇に巻き込まれれば、光となる。
飢えで憔悴すれば、食物となる。[3]

さらに、教会の奇妙な定義も聖アンブロシウスに帰せられている。彼は教会を「清純な遊女」と呼んでいたのだ。このわけは、ある日、彼が旧約の「ヨシュア記」を注解する際、ジェリコ（エリコ）の壁が倒壊しても救われたのは、遊女ラハブによって匿われた人びとだけだった、と語ったからである（彼によると、ラハブは聖書にあっては、教会を象徴化しているのだという）[4]。このことは、あらゆること――最悪のことでさえ――には常に良い面があることを分からせる代わりに、彼をせき立てて、教会の外には救いがない、と主張させるに至らせたのだった。また、やはり遊女たちに関して、聖アンブロシウスは化粧をひどく毛嫌いしていることを打ち明けている。「女性に彩色することは」と彼は言うのだった、「神もすでに考えられたのだ。むしろ、汝、女性よ、汝のおしろいや、汝の口紅では、男性にも嫌がられ、われらが主にも不快に思われる結果となるであろう[5]」。

聖アンブロシウスが行った最初の奇跡は、生涯の最期の日まで彼の傍にとどまった史家で、彼の私的な秘書パウリヌスによって物語られている。アンブロシウスがまだ幼児のころ、口を開けて眠っていると、数匹のハチが彼の舌の上に止まった。いつもの習性で舌を刺す代わりに、ハチたちはそこからハチ蜜をしたたらせたのだった[6]。彼が話し上手な原因はここに起因するのである。この聖者は司祭の経歴を歩んだのではなく、むしろ、生涯の初めの四〇年間は、敬虔なカトリック信者ですらなかったようだ。なりたかったのは弁護士か、せいぜい裁判官だったようだが、逆に、みんなから拍手喝采で選ばれて司教になったのである。ことの経緯はミラノで三七四年十二月七日（この日はミラノ人たちには大切なものである）の朝に、一少年が通りでこの聖者を見かけて、叫びだした――「司教アンブロシウスさんだ！」民衆はこの無垢な少年の声を聞いて、長く拍手喝采してこの提言を認可したからだった。ところで、信じがたいことだが、聖者はこのことにまったく満足しなかった。反対に、この叙任を回避するためにあらゆる手を打った。ついには売春婦を二人、家に泊めたりさえした。「これで私も誹謗されて、もはや叙任されはしまい」、と彼は言うのだった。彼はまた、ミラノから脱出をも試みたのだが、天上からさる方が彼に道を間違えさせたのであり、彼がサン・シーロ地区を出ようとした寸前に民衆に摑まえられてしまったのである。彼はベッタという名前の雌ラバに乗って逃げたと言われる。彼が見破られた地方は今日でもコルベッタと呼ばれている。こう呼ばれているわけは、聖アンブロシウスが最後の瞬間まで、「走れベッタ、走れベッタ（Corri Betta, corri Betta）と大声を発してその雌ラバを駆り立てたかららしい。とにかく、彼が民衆の激情で選ばれたのは確かだし、司教であろうとなかろうと、彼は帝国からの教会の独立を擁護するのに功績があったし、この独立は今日までずっと続いているのである。

聖アンブロシウスは現職の皇帝二人（東ローマ帝国の皇帝と西ローマ帝国の皇帝）に対して対等につきあっていたし、このことはキリスト教に大いなる威信を授けたのだった。あるときには、東ローマ帝国の皇帝テオドシウス〔（三四七－三九五）テオドシウス一世（大帝）。在位三七九－三九五〕に対して、前の週に北ギリシャのテッサロニケで皇帝が虐殺を命じ、一万五千人の住民が絶命させられたがゆえに、教会に入ることを阻止した。また或るときには、西ローマ帝国の皇帝ヴァレンティニアヌス二世〔在位三七五－三九二〕に対して、キリストの十字架像の前で恭しくひざまずくことをしなかったというだけで、この皇帝を司教管区から追い出したりした。このことはつまり、皇帝の俗権が司教の霊的力に屈服せざるを得ないということを意味した。

それはそうと、聖者は〔簒奪者マグネンティウス（三五〇－三五三、西方の皇帝に就く）の〕未亡人というよりも、皇帝ヴァレンティニアヌス一世の二番目の皇后で、ヴァレンティニアヌス二世の母だったユスティナ〔三七〇頃－三八八まで皇后〕と或る問題があった。アレイオス派の信者としてこの皇后が、ポルツィアーナ・フオリ・レ・ムーラ大聖堂を自分のアレイオス派の民たちに引き渡すことを主張したのだが、聖アンブロシウスがこの大聖堂の前で祈り始めると、そこを占領するためにやって来ていたゴート族の兵士たちは、盾の向きを変え、一分も経たないうちに、元の侵入者から防禦者に一変したのだった。皇后は聖者を殺させようと試みたと言われる。この指令を受けた或る魔法使いが屋根に上がり、民衆を聖者に反抗するようそのかすために悪魔に犠牲を捧げた。しかし、またしても皇后の試みは失敗した。三八六年四月二日のことだった。聖アンブロシウスは民衆の間に入って行き、ただひとりで民衆の群れに向き合った。大群衆の集まりに向かってこう言ったのだった。

私の財産が欲しいのなら、私はかまわない。私の身体が欲しいのなら、ほらくれてやる。私が鎖で縛られるのを見たいのなら、ほら私の腕と足を差し出そう。私を殺したいのなら、殺しておくれ。抵抗しないから。だが、神に属するものが欲しいのなら、それを与えられるのは神だけだ。要求すれば、与えられるだろう。(7)

要するに、彼は性格の良い人だったのだ。すべてのミラノ人たちと同じように。

彼は一五の奇跡を行ったとされている。そのうちには、セウェルスという名の盲人の視力を回復したこととか、麻痺した洗濯女の両足を動けるようにしたことがある。聖者が彼女の服に触れると、彼女は再び歩きだしたのだった。しかもこれだけではない。伝説によれば、聖者の傍にはいつも、翼のある天使がつれ添っていたという。ある者は、天使が何を言うべきかを、聖者に耳打ちするのを見かけた、と断言しているのである。

（1）アンブロシウス『奉仕の義務について』（*De officiis ministrorum*）III, 132.
（2）この文の意味をもっと説明しておくと、私見では、ミラノ人はナポリ人よりもドイツ人的であるし、そして、聖アンブロシウスこそはその一つの証明なのである。
（3）アンブロシウス『詩編注解』（*Expositio in Psalmum*）, 36, 36.
（4）アンブロシウス『ルカによる福音書注解』（*Expositio evangelii secundum Lucam*）, Ⅲ, 23.
（5）アンブロシウス『六日間の創造』（*Hexaemeron*）〔伊訳 *Exameron*, TEA, Milano, 1995, p. 256.〕
（6）ミラノのパウリヌス『聖アンブロシウスの生涯』（*Vita di sant'Ambrogio*, Edizioni San Paolo, 1996）。
（7）アンブロシウス『書簡集』、第七六。

第4章　聖ヒエロニュムス

ソフロニウス・エウセビウス・ヒエロニュムス——イタリア美術ではジェローラモで知られている——は、「キリスト教の獅子」としても有名であり、彼はすべての罪人に対してナンバー・ワンの敵だったし、しかも彼は自分自身を罪人の中の第一位に置いたのだった。彼は赦すことを除いては何でもする術《すべ》を心得ていたし、このために、もっとも親しい友人たちからさえ嫌われる結果になったのである。あるとき弟子アクレイアのルフィヌス〔三四五頃-四一〇没〕が本を書き、その中で自分の判断では、ヒエロニュムスがオリゲネスを少々無視したように思うと言った。弟子はこんなことをしなければよかったのだ。なにしろ、この聖者は翌日「ルフィヌスの本に対しての弁明」と題する手紙を送り、その中でこの本を「ゴミ扱いしていた」のである。また、ペラギウス〔(三六〇?-四二〇?)ブリタリア出身の神学者〕派との対立については言うまでもない。彼は『ペラギウス派論駁』(*Contra Pelagianos*)なる表題の稀に見る激しい本を書いたのだが、ペラギウス派の人びとはこの復讐のために、聖者の生活していた修道院に放火したのだった。

聖ヒエロニュムスは三四七年、アクイレイアの近くのストリドネで生まれた。大人になると、彼はローマに移住し、ギリシャ・ラテンの古典に熱中した。間もなく彼はあらゆる教父たちのうちでもっとも学識のある者となった。彼はラテン語、ギリシャ語、ヘブライ語に精通していたため、〝三カ国語に通じた人〟(vir trilinguis)とあだ名がつけられていた。彼はセネカとエピクテトスをそらで朗読したし、また、聖書(ヘブライ語の旧約も、ギリシャ語の新約も)の有名なラテン語訳も彼に負うているのである。これは民衆の使用のためにウルガータ(*Vulgata*)聖書と呼ばれており、何百年も西欧の聖典となったものである。

聖ヒエロニュムスには教養のそれのほかに、別のマニアがあった。女性が我慢ならなかったのだ。聖アウグスティヌスはやりたい放題だったのに対して、聖ヒエロニュムスは女性との身体的接触を一切避けていたのだ。エロスの大敵だったから、お湯の風呂さえ認めなかったほどである。彼の言によれば、あまりに刺激させるからという理由で。とは言え、実際には完全に女性を避けたわけではなかったのだ、特に良家の女性たちは。たとえば、奥さんたちの群れが毎週マルケッラなる婦人の家に集まって、聖書をよく学ぶことにしていたが、彼が調整役として呼ばれていたのである。このことが住区のゴシップを引き起こしたため、彼はローマを去り、オリエントに向かわざるを得なくなった。この噂話が本当か否かは分からないが、とにかくこのときから彼は元老院議員トソキウスの未亡人パウラ、および彼女の娘エウストキウム〔三七〇―四一八/九〕と時間を分かっていたのである。最初はキプロス、次にアンティオキア、さらに聖地パレスチナ、そして最後にエジプトにおもむき、当地では、砂漠で死んだ隠者たちの探索を始めた。ベツレヘムに定住するや、二つの修道院――一つは男子用、もう一つは女子用――を創設した。明らかにこれらすべてはパウラの出費によるものであって、彼女はありがたいことに、お金持ちだったのである。後にパウラとその娘エウストキウムも聖女にさせたことは付言するまでもない。ところで、このエウストキウムに関して言っておくと、彼女をローマで識ったとき、ヒエロニュムスは手紙（「処女性の保持についての小冊子」）を送り、その中で、少女はただ思うだけでも処女性をなくしうると警告したのだった。これに対して、少女の友だちは彼に敵対し、彼を攻撃して、もしもう一通彼女に書きでもしたら、テーヴェレ川に投げ込んでやるぞ、と彼を脅迫した。ところが、優しいエウストキウムはヒエロニュムスにすっかり魅せられたので、そのときから影のように彼の後につき従って行き、とうとう或る日に、断食と節制のせいで、死んでしまったのだった。

けれども、こういうことが起きた以上、一つの疑問が浮かぶ。「聖ヒエロニュムスは主を愛し、女性たちを嫌っていたと見るべきなのか？」一例を採り上げると、彼は神の全能なるテーマに取り組んで、こう主張しているのだ――「神はいかなる罪をも無にすることができるが、性の罪を取り消すことはできない。少女が処女をなくしたら、彼女にそれを回復してやることはもうできない。彼女がまったくの新参者に処女を与えたとしたら、損をするのは彼女なのだ」、と。その後でヒエロニュムスはこう付言している――「私の言い方が無暴なことは承知しているが、神は欲するとなれば、悔む罪女の苦悩を和らげることができるだけであって、ひとたび汚されたならば、その女性を免罪することはできないのだ！」こうした主張は一人以上のキリスト教思想家の側から、烈しい批判を招いたのだった。そういう批判のうち、ペトルス・ダミアニ（一〇〇七頃―一〇七二）は、数世紀後、『神の全能について』(*De Divina omnipotentia*) の中で、彼が神の無際限な力を信じていないと公然と非難し、さらにこう結んでいる――「ヒエロニュムスの言うところによると、いかなる罪も赦されるが、ただし、肉の誘惑と関係した罪だけは別であり、ここでは、私たちの良心に他のもろもろの罪が重くのしかからずには措《お》かないであろう！」

聖ヒエロニュムスは宗教的テクストを書いたほかに、熱心な読書人でもあったのであり、砂漠に引き込んだとき、彼は図書館をそっくり一緒に運び入れたのだった。まるで、「私の生涯のすべてを取り上げよ、だが私から書物を取り上げないでくれ」とでも言うみたいに。もちろん、幾冊かのテクストはあらかじめ検閲された。たとえば、エゼキエル書（旧約）には、第十六章と第二十三章がオオラとオオリバ姉妹の放蕩行為があまりに詳細に記述されているからというので、含まれていなかった。最後に指摘しておかねばならないことだが、すべての隠者たちと同じく、聖ヒエロニュムスもエロチックな大胆な幻覚を抱いたことがある。実際、彼が砂漠の中で、まさにちょうど眠ろうとするたびに、暗闇の中で、裸の女性が彼の前に現われたのだ。そこで後悔し、自己を鞭打ち、落涙したのである。

私は想像してみる、聖ヒエロニュムスが灼熱の太陽の下、顔にハンケチを乗せ、少なくとも一メートル五〇センチメートルの高さの本の壁に囲まれて、砂の上に横たわった姿を。砂漠の中に四年間とどまった後、アンティオキアに、それからすぐローマに戻り、ここで、法王ダマスス一世から個人秘書に採用された。誰かから、聖書よりもキケロを好んでいると非難されたりした。「おいヒエロニュムス、汝はキケロの徒にしてキリスト教徒にあらず」とキリストに言われた夢を見て、彼は恥じ入り、再び聖書の読解に没入したのだった。

彼がやがて法王になるかも知れないと思った人もいたが、悪い性格のせいか、みすぼらしい様子のせいか、彼が発散する悪臭のせいか、彼がその立候補声明をしても一向に考慮されたことはなかった。

聖ヒエロニュムスはこれ以上できないほどひどい身なりをして歩いていた。絶えず裸足でいたし、ヤギ皮を身にまとい、首の回りにはロープを巻きつけ、二キロの重さの鉄のキリストの十字架像を吊るしていた。要するに、吐き気を催させたのである。同僚たちは彼を見て気分が悪くなり、彼が部屋に入ってくるたびに、鼻をつまむのだった。四十歳だったのに、七十歳に見えたほどだった。

要するに、まだ分からないとしたら一言すると、ヒエロニュムスは最悪の性格の持ち主だったのであり、怒りっぽく、嫉妬深く、短気で、争い好きだったのだ。彼は聖アンブロシウスや聖アウグスティヌスにいろいろと悪口雑言を浴びせた。ひどい中傷のうちでは、彼はこのミラノ司教〔アンブロシウス〕が盲人ディデュモス〔前八〇―前一〇頃〕の作品からコピーしたと非難した。しかも、これだけではなかった。すなわち、彼はもっとも親愛な女の友であるパウラ夫人とさえも喧嘩し、彼女が執筆したり、外部の人びとと話したり、家から外出することを彼女に禁じたのだった。

彼は四一九年に犬さながらに孤独死した。彼の霊に平安あれ。

第5章　蛮族

イタリア人なら誰でも西暦紀元五世紀に先祖を少なくとも一人は持ったことになろう。さて、この先祖をガスパレと呼ぶことにし、われわれは彼の境遇に身を置いてみよう。彼の頭上にふと二個の瓦が落っこちた。両方とも重いやつが。一つは蛮族、もう一つは宗教である。四〇八年から五六九年にかけての二〇〇年弱の間に、祖父ガスパレとその子孫たちは、アラリック王の西ゴート族、ゲイセリクス〔?－四七七〕のヴァンダル族、オドアケル〔四三四頃－四九三〕の東ゴート族、アッティラ王〔?－四五三〕のフン族、クロヴィス王のフランク族、アルボイン〔?－五七二〕王のロンバルド族のご臨席の栄をたまわったのである。当時の標語は「どうぞいらっしゃいませ」だった。教会の側としては、聖アンブロシウスが先んじてやっていたことのおかげで、俗権から距離を保っていた。つまり、蹂躙《じゅうりん》に対しても平然と見物していたのであり、苦しみが多くなればなるほど、先祖ガスパレはそれだけ天国を勝ち取ることになろうと教会は確信していたのだ。そのうえ、当時の生活は記録以前の一種のアフガニスタンのようなところで行われていたのであって、そこでは『コーラン』の代わりに聖書があったし、女性たちは家の中にバリケードで守られることを強いられたし、権力者とちょっとでも異なる意見を表明することはできなかったし、だしぬけに家から外出すれば、兜の上に角をつけ、両手に剣を帯同した蛮人と巡り合う可能性があった。フランスの史家デュビィの語っているところによると、絶対的な飢饉の時期があったのであり、西暦紀元五世紀には四十歳に達することはもう一つの記録だったのである。

人びとは群れをなして生活していた。多くの者が同じベッドに寝たのであり、そのうえ決して独りでは外出しなかった。あえてそんなことをやらかす者は、不信と恐怖をもってじろじろ見つめられた。むしろ狂人もしくは罪人扱いされたのである。[1]

クリューニー修道院の一修道士の記録のおかげで、われわれは中世初期の飢饉がどういうものだったかの報告さえ手にすることができる。

あまりに雨が降ったため、一年以上も畑仕事ができなかった。食べ物は何も残っていなかった。人びとは付近に見つかるものを手当たり次第にむさぼり食うのだった。野原の草、チョーセンアザミ、小鳥、蛇、昆虫を食べ尽くした後で、土さえも食べ始めていた。それから、互いに食べ合いにかかり、死人までもが掘り出されてちょっとずつ食べられたのである。[2]

正直言って、この話は私には多少誇張があるように思われるのだが、しかしそうでないのかも知れない。ありがたいことに、私は二十世紀のイタリアに生まれたため、たとえ欲しても、飢え死にすることはあり得ない。どこかレストランに赴き、客が皿に残したものを頂戴すればすむ。

最後に、隠者、つまり他人と接触しないために、絶対の孤独を選んだ人びとがいた。ここだけの話だが、至福の人たちもいたであろうが、彼らの聖徳には全幅の敬意を表するにせよ、彼らが実行していた習慣は嫌悪を催させるものだった。洞穴の中に隠栖《いんせい》する者もおれば、砂漠の奥に行って住む者もおれば、生き残るために不可欠な最少限のものを食べたり飲んだりする者もいたのだ。さらに、弛《たゆ》まざる者たち（*ἀκάματοι*, 字義上は「眠らざる者たち」）、つまり、睡眠さえ放棄して祈り続ける決心をした信者の一群もいた。眠りかけると、隣人から起こされたのである。彼らが眠れたのは、みんなが同時に地面に倒れ込んだときだけだったのだ。彼らがこんなことをしたのも、彼らが考えていた天国の片隅を逸しないためだった。教団によっては、身体を洗うのも罪と見なされた。実際、多くの修道士たちは生涯足を洗わないでいることを自慢していたし、またシラミを「主の真珠」と呼んでいたのである。

すでに話題にした聖ヒエロニュムスをのぞき、われわれは聖シメオン・ステュリテス〔三九〇頃-四五九〕のことを想起しよう。この柱上聖人は晩年の一五年間、一〇メートルの高さの円柱の上で暮らしたのだった。彼についていては、会いにやって来たすべての人びとと長話をした、と語られている。もちろん、訪問者は下から、彼は上から話したのである。さらに、引用しないわけにはいかないのは、聖アントニオス(3)〔二五一頃-三五六〕とヌルシアの聖ベネディクトゥス〔四八〇頃-五四七頃〕である。前者は砂漠の中で、裸の女性たちがマットの下から現われるのを想像していたし、後者は成人になるや洞穴に行って閉じ込もり、食物を別の隠者から天井より降ろしてもらっていたのである。だが、聖ベネディクトゥスにも、誘惑では彼なりの問題を抱えていた。彼が若い時分に識り合った絶世の美女の姿を、悪魔が時間どおりに毎夜彼に送っていたからだ。哀れこの隠者は悪しき思いで罰されないようにしようと、イラクサの茂みの

モレッリ「聖アントニオスの誘惑」(1878年)

中に裸で身を投じた。こうすることによって初めて、彼は肉体も心も同時に懲らしめることができたのである。それから三年後、ほっとしたことに、彼は洞窟から出ることに成功し、モンテカッシーノ修道院を創建することとなった。これはその後、大洋のかなた〔アメリカ〕からやって来た、別の蛮族の一つによって爆撃されたのだった。

性の誘惑が誰にも——特に青春真っ盛りには——免れ難いのは確かだ。頭と本能とは切り離された二つの発動機なのであって、それぞれが別の道を歩むのである。私の最初の性体験は素晴らしかったし、もしも二人だったならもっと良かったであろう。ところで、十五歳に不純な思いを抱かなかったような人がはたしているだろうか？ 私はそういう思いを一杯もっていたし、私室の暗闇の中ですべての思いを独りで処理していた。眠れない夜な夜なもあった。私はアメデオ・ナッザーリが怒りにかられて、クラーラ・カラマイのブラウスをはぎ取り、彼女の胸をはだけさせる、映画『嘲笑の晩餐』（*La cena delle beffe*）の有名な場面に苦しめられていたのだ[4]。もちろん、私がアタナジオ神父のもとへ告解に出かけたとき、これを語ることは絶対にしなかった。だが、神父──彼の霊よ安からんことを──は私の心の内を読み取っていたし、あること〔マスターベーション〕をする者は一〇年以内に盲人になると私に言わずには措かなかった。ありがたいことに、彼は間違っていたのだが。

さて、若い罪人たちから老いた聖人たちに移ると、聖ベネディクトゥスには数々の奇跡が帰せられてきた。ある日、彼の修道士たちがあまりにも戒律を厳しく遵守させるので、彼を亡き者にしようとし、毒入りのワイングラスを彼に用意した。ところが、彼がそれを飲む寸前に十字を切ると、とたんにそのグラスは木っ端微塵になってしまった。また或るときには、百姓が鎌でいばらの茂みを刈っていて、この道具の刃がはがれ、池の中に飛んで入ってしまった。ところが、なにも恐れることはなかったのであり、聖ベネディクトゥスが主の祈りを唱えてから、その鎌の柄を水に浸けると、刃がひとりでにくっついたのである。こういう話やその他の数多くの話が、かのカッシーノでは語り伝えられている。

で、哲学者たちは？　彼らはもう冬眠するとしよう（Adda passà 'a nuttata）と言って、数世紀間、考えることも避けたのだった。彼らにとって大事なのは、生命を守ることだった。むしろアラブの思想家たち、とりわけ、アヴィケンナ〔イブン・シーナー（九八〇－一〇三七）〕とアヴェロエス〔イブン・ルシュド（一一二六－一一九八）〕が、七〇〇年前に中断した論議の穂を継ぐことになろう。当面、われわれはどう見ても二流の哲学者で満足しなければなるまい。たとえば、ヒュパニィア、プロクロス、エリウゲナといった人たちである。

（1）ジョルジュ・デュビィがキアーラ・フルゴーニ・セッティスと行ったインタヴュー。*Mille e non più Mille*（Rizzoli, Milano, 1994）所収。

（2）デュビィが語っている例。

（3）聖アントニオスについては、ローマの国立近代美術館に展示されている、ドメニコ・モレッリの『聖アントニオスの誘惑』（一八七八年）を参照〔四七ページ〕。

（4）『嘲笑の晩餐』はアレッサンドロ・ブラセッティの一九四一年の映画。

第6章　ヒュパティア

ヒュパティアは並外れた女性だったし、信じ難いことながら、女性哲学者でもあった。数学者テオンの娘だったので、彼女も数学と天文学に夢中になった。その後、五世紀初頭、エジプトのアレクサンドリアの新プラトン学派の学校長になり、ここでは洞察力と深い思索で有名になった。多くの若者が通った彼女の授業には、基礎科目としてアリストテレスの哲学が、また補助科目として犬儒学派やストア学派の理論があった。エピクテトスおよびディオゲネスが実行していた所有物軽視が、彼女のおはこだった。彼女がこれを教室で話題にするたびに、大成功を収めていたのである。

ヒュパティアの能力がどこにあったかというと、信仰と数学とはたとえ二つの相補科目であるにせよ、これらを完全に和合させたことにある。どうしてそういうことに彼女が成功したのか、私には今もって分かりかねる。実際、彼女は生徒たちの想像力に訴えることなく、一連の数学的推論を通して、神の存在を証明しようと努めたのだった。したがって、出発点は森羅万象〔神により創造された宇宙〕の存在、という前提であり、到達点は彼女が到達したいと欲したところ——つまり創造主〔神〕の存在——だったし、それも「1＋1＝2」といったような推論だけに基づいていたのである。彼女にとっての理想は、「論証しようとしたとおりに」と言って、毎授業を終えうることだったであろう。

この試みはプトレマイスの司教、キュレネのシュネシオス〔三七〇―四一三〕によって高く評価されたし、このことは彼女をかなり元気づけたのだった。しかし実を言えば、シュネシオスは言わば、れっきとした司教ではなかったのであって、叙任されるに際し、第一の放棄し難い条件として、彼は妻と一緒に眠り続けられることを申し出たのだった。

逆に、全力で彼女に反対したのは、アレクサンドリア司教聖キュリロス〔司教在任四一二－四四四〕だった。しかもヒュパティアは当地の総督でユダヤ人のオレステスと情愛深い（おそらくあまりにも情愛深い）友好関係を結んでいたのだが、この人物は前記のキュリロスの不倶戴天の敵だったのである。約言すると、とうとうこの二人の友だちにとって事態は急速に悪化した。反ユダヤの民族主義的な一種のユダヤ人大虐殺《ポグロム》が布告されたのであり、その最初の犠牲を払ったのがまさしくオレステスとヒュパティアだったのだ。ヒュパティアはとりわけ、ユダヤ人ではないのに、凄惨な最期を遂げた。彼女が私用で馬車で旅していたとき、捕らえられ、裸にされて、ある教会の中に連行され、宣教奉仕者ペトルスなる者と激高した信者の群れとにより、引き裂かれたのである。彼女の肉は最後に、細く切り身にされ、火に投じられた。実際、民衆の側からは、彼女は「真の女性」らしい行動をしなかった、つまり、家で編み物をする代わりに、男性の地位に就き公けの学校で教育した、と弾劾されたのである。

彼女は四一五年に亡くなったとき、四十歳だった。

数学嫌いの人びとに厳禁の究極のコメント

「数学のおかげで神の存在を証明することは可能か？」と質問することができるであろう。すると回答はこうなろう――「証明することはできないが、直観することはできる」。

自然界にはゼロとか無限に等しいものは何も存在しないし、皆無である。[1] 実際、この二つのものは二つの数ではなくて、われわれの感覚では捉えられない二つの極限、二つの的である。われわれが見つけうる最大限のものは、ゼロとか無限に向かう何かでありながら、われわれはそれらに到達することは決してできない。これらを話題にしないことにしよう。さらに、両者の掛け算をしようとするならば、どうだろう？　無意味な産物を手にすることだろう。

もっとよく説明するために、われわれはゼロと無限が無法者みたいな二つの数だ、と想像してみよう。これら二つの内の一つが、他の数と掛け合わされるたびに、それ自身と等しくなってしまうのだ。したがって、どんな数もゼロと掛け合わされると、ゼロに等しくなるし、どんな数でも無限と掛け合わされると無限に等しくなる。こういうことに対して、われわれは自問してみる――「ゼロと無限を掛け合わせると、どちらが勝つのだろうか？」と。答えは「二つの内のどちらでもないし、結果は未定となろう」。たとえば、「ゼロ×無限＝二七、または一三五、または一九二八」と言ってよいであろうし、われわれはこう言っても決して間違いではないであろう。なぜなら、これら三つの数（二七、一三五、一九二八）をすべて、無限で割ればゼロになろうし、その逆も真だからである。この時点で、われわれは神を「ゼロ×無限」の所産と想像しない理由はなかろう。宇宙大爆発《ビッグバン》とか、ひょっとして広大な宇宙のことも、よりよく理解できるのではなかろうか。

ところで、ヒュパティアがこういう質問を自らに課すことがはたしてできたのかどうか、私は知らない。確かなこと、それはゼロと無限が、「アキレウスと亀」の逆説をつくり上げる際に利用したゼノンを始めとして、一人以上の哲学者たちの空想をいつも刺激してきたという事実である。

神を見つけるのは棒高跳びをするようなものなのだ。選手は少し走ってから、バーにぶつかる寸前にジャンプする。数学でも大なり小なり同じことが起きる。つまり、推論をもって助走し、直観をもってジャンプする。私がお手伝いできるのは助走だけであり、逆に、ジャンプするためには読者諸賢が独りですばやくやってもらわなければならないのである。

（1） より詳しくは、ジョン・バロウの『ゼロから無限へ。無の大いなる歴史』（伊訳、Milano: Mondadori, 2001）を参照することをお勧めする。

第7章　プロクロス

プロクロスとは？　新プラトン主義哲学者であり、異教時代の最後の人であり、中世の最初の人だった。コンスタンティノポリスに四一二年頃に生まれ、アテナイで生涯の大半を過ごし、当地では、世界でもっとも有名な哲学学校、プラトンのアカデメイアの学頭となった。プラトンの『パルメニデス』、『クラテュロス』、『ティマイオス』について膨大な注釈を行った。そして、プラトンの記した霊魂転生について語るときには、生徒たちから万雷の拍手喝采を浴びていた。

当時のベストセラーはアリストテレスの『形而上学』だった。この作品はすべてのインテリたちからあらゆる機会に引用されていたのだが、しかしまた、あまり理解されてもいなかった。そのため、ある日プロクロスと師匠のシュリアノスはうんざりして、互いの合意のもと、アリストテレスをボイコットし、プラトンを再評価することに決めた。二人は言った、「プラトンのほうがアリストテレスよりましだとは思わないか？　しかもよく分かるしさ」。

五世紀のヘーゲルとしても知られるプロクロスは、一定数——正確に言えば六つ——の論著を書いた。そのうちの『諸種の原因の書』においては、有には三つの基本契機があるとした。正確に言うと、

(1)「それ自体の内にあること」、彼はこれを μονάς〔単一者〕と規定した。
(2)「それ自体から出ること」、πρόοδος〔発出〕とも言われる。
(3)「それ自体に戻ること」、ἐπιστροφή〔還帰〕として知られる。(1)

どういう意味なのか？　はっきり言って、私には分からないが、二つの異なる方法で説明を試みることはできる。パルメニデスの一を参照するか、または上の三レヴェルを私自身に適用するかして。

第一の解釈。一は有るところのものであって、それ自体に等しい。一についてはいかなる定義もすることができない。なにしろ、いかなる試みも減少させることになるからだ。ある人には神であるし、他の人には生涯変化しないすべてのものであるし、また他の人には始めと終わりである。けれども、同一の瞬間に〔神により創造された〕宇宙の中に姿を現わし、姿を現わすたびに価値を増す。それからひとたび計画の目的に到達すると、再びそれ自体に戻り、永遠と一体化する。（このことを分かって頂ければ私は満足だが、お分かりでなければ、しかたがない。）

第二の解釈（私自身を引き合いに出した解釈）。私はひとりの人間であるし、有るところのものである。それから、生きることにより、他の人びとと出会い、彼らから学ぶことのおかげで私の価値が増す。最後に、生涯の最終部分において、突如、私は私を世に送ったお方に自分が近づいていることに気づく。この第二の解釈は、少なくともわれわれの考え方により近いから、より理解しやすいが、しかし簡約的であるかも知れない。

率直に言って、プロクロスの三段階説に私がそれほど熱中したわけではない。誰でも知っているように、時が経つにつれて、われわれは外面は悪化するが、内面は良くなるものである。むしろ、私に考えさせることが何かと言えば、中世の哲学者たちは宇宙〔森羅万象〕のあらゆる顕現に神の存在を発見しようと絶えず苦労していたということである。自らの欲求を満足させるためだったのか、それとも教会当局の検閲をくらうのを怖れたためなのかは分からない。確かなことは、いやしくも中世の哲学者で、神（Ente Supremo）の必然性に訴えることなく自らの思考を結んだ者は皆無だ、ということである。

神の現前のほかに、プロクロスによると、人間には引き付ける諸力と排斥する諸力があり、彼はこれらをそれぞれ *συμπάθεια*〔同情〕と *ἀντιπάθεια*〔反感〕と呼んでいた。これらがどこに由来するのかは分からない。DNAを通して祖先から由来するのか、それともより楽な青春、またはより困難な青春を過ごしたことに起因するのか？　確かなことは、これらの力が存在すること、しかも隣人との関係ではそれらが決め手になるということだ。プロクロスによれば、同情を有しない人は、大衆とかかわるような仕事を行うのを避けるべきだという。たとえば、政治にあっては、リーダーの同情は、彼のイデオロギーよりもはるかに重要である。同じことは、ショーに携る人びとにも言える。同情的でない人は、職人とか農耕といったような、個人的な労働に従事するほうがましなのだ。ところで、プロクロスはというと、まさしく同情のおかげで、心霊術の会に参加していたのであり、その折には、彼は霊媒の役をしたアテナイのプルタルコス(2)の娘の助けでもって、聖なる力と接触することができたのだった。

結論として、プロクロスはわれわれに身体よりも精神のほうに専念することを勧めている。彼が言うには、地上の生ではすでに万事が決められてしまっているのだ。必然、つまり運命はわれわれの未来のごく細部をも知っている、というのである。

ところが逆に、永遠の生に関しては、まだ万事が未定なのである。どういう永遠を生きたいのか、われわれが選ばなければならないのだ。立派に行動すれば、報われるであろう。

プロクロスはたくさん書いたのだが、あまり読まれもしないし、だから理解されもしないのではないかと心配して、一つの戦略に訴えた。つまり、自分のすべての論著をアレイオスパゴスのディオニュシオスなる名前で署名したのだった。だから、彼はこのディオニュシオスが西暦一世紀に生きた哲学者で、タルスス〔キリキア〕出身の聖パウロの弟子となり、アレイオスパゴス〔アテナイのアクロポリス西方の丘〕の前でキリスト教に改宗した、との噂を吹聴したのである。

付言しておかねばならないことは、必ずしもすべての哲学史家がこの偽ディオニュシオスの作り話を信じているわけではないこと、しかも、今日でさえ、プロクロスもディオニュシオスも両方とも存在したと確信している人がいること、である。とにかく、『諸種の原因の書』の著者が誰であれ、その中に何か素晴らしい啓示が見つかるというわけではない。両者とも、新プラトン主義とキリスト教とを両立させることを強いられたのであり、両者とも一の優越性とイエスの超越性を主張したのだが、しかしだからと言って、歴史に残るに足るだけのことを何も付言しはしなかったのである。要するにここだけの話だが――哲学の教師たちには聞かれては困るのだが――、両者とも忘れられてもかまわないであろう。

（1） プロクロス（五十嵐達六郎訳）『形而上学』（生活社、一九四四年）、二七‐四二ページ参照。（訳注）

（2） 有名なカイロネイア生まれのプルタルコス――『対比列伝』の著者――と混同しないこと。後者は三〇〇年も以前の人である。

第8章　ボエティウス

アニキウス・マンリウス・トルクァトゥス・セウェリヌス・ボエティウスは、ローマの中のローマ人だと言われている人物だった。実際、彼が四七五年にローマ[1]で生まれたとき、イタリアで支配していたのはゴート族と、その分枝たる西ゴート族および東ゴート族だけだった。未成年のときに、異教徒の大雄弁家シュンマクスの娘ルスティキアナと結婚し、その後、哲学――真正な哲学――を研究するためにアテナイへ移住し、最後にイタリアに戻り、当地で政治生活を始めた。さて、東ゴート王テオドリクスと良好な関係を結ぶことに成功したおかげで、当初は例外的な出世の道を歩んだ。すなわち、三十歳のときには帝国の執政官となり、四十歳のときには宮中監督官となり、五十歳のときには総理大臣だった。ところが彼にはあいにくながら、突如として万事が駄目になったのだ。親ゴート族一派の頭領で、キュプリアヌスなる名前の卑劣漢のせいだった。

キュプリアヌスはボエティウスが脅迫と中傷を含む二通の匿名の手紙をテオドリクス王に送った、と告発したのである。ボエティウスは困りはてて、弁解しようとしたが無駄だった。「私はそんなものを書いていない、誓って言うが、そんなものを書いたことはない！」と力一杯の声を出して叫んだが、どうしようもなかった。ローマ在住（彼の言葉によると「五〇万歩離れている」）の元老院議員たちは彼を裏切り、魔法、交霊術のかどで有罪の判決を下した。

魔法や交霊術がどうかかわっていたのかは、まったく分からない。とにかく、ティキヌム（現パヴィーア）で塔の中に監禁され、一年後、こめかみのまわりを細ひもで縛られ、両目が眼窩からとび出るまで締めつけられたのだった。幸いなことに、彼は牢獄のしじまを利用して、『哲学の慰め』（*De consolatione philosphiae*）を書くことができた。この五巻（古代人は章のことをこう呼んでいた）からなる傑作は、中世を通して彼の名を世間に広めた。彼の遺骸はパヴィーアのチエル・ドーロにあるサン・ピエトロ教会の中に、聖アウグスティヌスのそれと並んで葬られている。想像するに、夜、教会の中に誰もいないとき、二人の間で熱した会話が行われていることであろう。

セウェリヌス・ボエティウスは暗黒時代のソクラテスと見なされてもよかろう。少なくとも、死ぬ寸前に監獄でこの上なく素晴らしいものをすっかり書いたのだから。ソクラテスと同じく、彼は邪悪であってはいけないという原理を主張した。彼の口ぐせは「邪悪な振る舞いをする人は、善人のほうが悪人よりも良い生き方をしている以上、何にもまして馬鹿者だ！」ということだった。さらにこうも付言していた——「人生での秘訣は善行をやること。その他は大したことでない」。『哲学の慰め』第二部八では善人がわれわれに、いかに万物は愛に支配されているかを以下のように説明している。

万物のかかる秩序を繋ぐもの
それは陸と海を支配し
また天を支配するところの愛だ。

愛が手綱を放せば
今相互に睦んでいるものが
絶えざる戦いを戦うであろう、
今統一的忠実さで
美しく動いている世界機構が
競って崩壊するであろう。
…………
おゝ、汝ら人類は幸いなるかな、
もし天を支配するその愛が
汝らの心をも支配するならば。(2)

アリストテレスの論理学（オルガノン）のような諸著作、つまり『分析論前書』、『分析論後書』、『トピカ』、等の翻訳はボエティウスに負うているし、ひょっとして彼はアリストテレスの範疇論をわれわれに理解させようとした嚆矢だったのではなかろうか。キリスト教哲学者（だが考えてみると、異教哲学者でもある）として、彼はとにかく、異教とキリスト教という二つの宗教を両立させようと努めた。ギリシャ人のことを話題にしてこう言った――ホメロスも唯一の神を信じていたのだが、後に当時解決すべきだった問題に応じて、それにさまざまな名称を授けたのであり、こうして神は或るときには戦いの神《アレス》になり、また或るときには火の神《ヘファイストス》となっているのである、と。マルティン・グラープマン（（一八七五－一九四九）ドイツのカトリック神学者で、哲学者）はボエティウスを「最後のローマ人にして最初のスコラ学者」と規定した。

『哲学の慰め』では、彼はまず或る告白から始めている。

かつては輝かしい熱情で詩を作った私が
おゝ、泣き濡れて悲しい曲を始めねばならぬ。(3)

それから、彼は夢、あるいはむしろ幻についての話をしている。

……私の頭上にあたって、ひどく威厳のある面ざしをした一人の婦人の立っているのが見られた。彼女の眼は輝いて、普通の人間には見られないような透徹した力を持っていた。……もっとも一方において彼女は、何としても我々の時代に属するとは思えぬほど古めかしいところがあった。その身長に至っては不定ではっきりしなかった。なぜなら彼女は、たちまち普通の人間の丈《たけ》に縮んだかと思うと、またたちまちその頭の先が天に届くほどに見えるのであったから。(4)

この女性はいったい誰だったのか？　哲学にほかならなかった。だから、少女とか、トップモデルとかではなくて、その存在が不安をかきたてる老婦人だったのだ。彼女の衣服は完璧に織られているが、あちこちの個所に穴があいていた[5]。「これらの穴は哲学者たちのせいだ」とボエティウスは言っている。「彼らは絶えず論争して、こういうほころびをもたらしたのだ」。以下の詩行では、彼はその衣服についてさらに詳細に報告してくれている。

着物の下部にはギリシャ文字のπ〔実践《プラクシス》〕が、上部には同じくθ〔観想《テオリア》〕が織り込まれてあった。
そして両文字の間には、梯子の様式をなして一種の段階が明らかに見られた[6]。

哲学が片手には書物の山を、もう片手には笏を持って、彼に近づいた。それから、ベッドの端で彼の傍に腰掛け、こう言うのだった。

汝は私の母乳で養われ、強くて熟した状態に至ったのではないのか？　今のその落ちぶれたありさまを見たまえ！　いかなる逆境にも立ち向かうのにたいそう有効な武器を持たせてやったことを考えなさい、汝はそれをどうしたのかい？　汝は最初にそれを棄て去った。そして今なぜ黙っているのかい？　どうして汝は竪琴に聞き入るロバみたいにそこに居るのか？　汝を悩ますのは恥辱なのか、それとも恐怖なのか？　それが恥辱だったらよいが。逆に、それが恐怖なのでは、と私は心配だ[7]。

それから彼女（哲学）は彼のほうに体をかがめ、衣服の縁《へり》で涙にあふれた彼の目をぬぐった。要するに、もしまだお分かりでなければ〔あえて申し上げるが〕、哲学はボエティウスを愛していたのである。

『哲学の慰め』第二章では、この婦人（哲学）が運命はどうはたらくかを彼に説明している。「運命とは輪のようなものよ」と彼女は彼に言う、「ときにはあなたを上に、ときには下に運ぶのです」。だが、彼ボエティウスはわが身を嘆くことができなかった。なにしろ若い時分には一再ならず、頂上に居たからだ。もちろんその後は、年齢とともに、いくらか下降してもおかしくはなかろう。ただし注意すべきこととして、快楽と幸福を混同してはいけない！　哲学はこう言明するのだ――「幸福は見かけではなく、存在で得られます。なにしろ、至高――真正――な善は神と符合するのだからです」。

さらにボエティウスにおいて興味深いのは、運命と神意との区別である。

神意は神の純理性のうちに隠されており、他方運命はただ生の偶然性にだけ依存しているのです。

そしてその先では、

推論が直観に対するように、生成された在存が有そのものに対するように、円周が中心に対するように、過ぎ去る時間が永遠に対するように、そのように、運命の変転過程は神意の不動の単純さに

対しているのです。(8)

以上のことを簡単に言い換えると、こうなる。つまり、何か良いことが起きたなら、神に感謝すべし、逆に、もし何か悪いことが起きたなら、運命に立腹すべし、という意味なのだ。神意に与《あず》かるには、人生のさまざまな出来事を超越し、聖域と接触する必要がある。こういう問題に関しては、ダンテ・アリギエーリも一家言を述べている。(9) 彼の言によれば、すべての偶発事はすでに神の頭の中に描かれているのである。とはいえ、船のかじの行路が常に舵手によって選ばれることに変わりはない。それだから、何かがまちがったなら、船のかじの取り方を知らなかった汝自身に立腹すべきであって、そのことをあらかじめ知っていた神に立腹してはいけないのだ。逆に私としては、どうしてかは分からないが、うまくいったときでもまずかったときでも、いつも神に立腹することにしている。

要約すると、ボエティウスは信仰を懐疑と、宗教を哲学と、有を神の存在と共存させようと試みているのだが、しかし彼はいつもそれに成功しているわけではない。諸賢が存在自体（ipsum esse）を語ろうとしても、少しばかり信仰を内にもっていなければ、とても至高の存在（神）を信ずることはできまい！　とはいえ、われわれはあまりにも理性に左右されるがままになるべきではない。ボエティウスも幾度か示唆しているように、われわれはこの世を理性の目で眺めるよりも希望の目で眺めるほうが好ましいのだ。そしてこの点に関しては、アリストテレスを引用しながら、彼はこう述べている――「われわれがアルキビアデスを眺めるとしたら、その美しさに見取れざるを得ない。だが、彼の内臓まで見ることができるとしたら、われわれは不快感でぞっとするであろう」。

ただし驚くべきことに、キリスト教神学者であるボエティウスが、死ぬ寸前にありながら、神よりも哲学に助けを求めているのだ。たぶん、ファイドンが語った、ソクラテスの最期の日を少々まねし過ぎているのかも知れない。けれども、こういうすべてのことを彼は牢獄の中に居る間に書いているのだという事情を考慮して、そういうことも進んで許してあげよう。

（1）逆に、ある人びとはエジプトのアレクサンドリアとしている。
（2）ボエティウス（畠中尚志訳）『哲学の慰め』（岩波文庫、二〇〇一年第一七刷）、八三－八五ページ。
（3）同書、第一部一（岩波文庫）、九ページ。
（4）同書、第一部一（岩波文庫）、一〇－一一ページ。
（5）同書、第一部一（岩波文庫）、一一ページ。
（6）同書、第一部一（岩波文庫）、一一ページ。
（7）同書、第二部三（畠中訳本になし）。
（8）同書、第四部一五（畠中訳本になし）。
（9）それ苟且《かりそめ》の事即ち汝等の物質の書《ふみ》より外に延びざる事はみな永遠《とこしへ》の目に映ず
されど映ずるが為にこの事必ず起るにあらず、船流れを下りゆけどもそのうつる目の然らしむるにあらざるに似たり。（ダンテ（山川丙三郎訳）『神曲』下――天堂――、岩波文庫、一九八三年、一一一ページ）

第9章　スコラ哲学

ルネサンス期の知識人にとって、〝スコラ哲学〟という語は中傷的な言葉だった。往々にして若干の宗教原理が、鞭《むち》でもってさえ授けられてきた、逆行的で頑迷固陋《がんめいころう》な決まり文句を指していたからだ。とはいえ、少なくとも初期のスコラ哲学は、カルル（シャルルマーニュ）大帝〔七四二―八一四〕が抱いたうちでもっとも幸福な直観の一つだった。実際、七八二年にカルル大帝はアーヘンに「スコラ・パラティナ」（Schola palatina）という宮廷学校を創設し、ヨーク生まれのアルクイン〔七三五頃―八〇四〕なる、信望厚い修道士を校長にしたのである（この人物については私は全然何も知らないのだが）。すぐ後に、多かれ少なかれ宗教的な小さな学校（*scholae*）がほぼいたるところに現われだした。ここへは金持ちが子弟を送ったのであり、優秀な生徒はめきめき昇進したのだった。

スコラ哲学、つまり、中世における無知と迷信に対する闘いの最初の真剣な試みは、こうして始まるのである。ところで、スコラ哲学はいったい何を教えていたのか？　まず第一には、三学《トリヴィオ》――といってももちろん、セックス・ワーカーの待ち構える三叉路《トリーヴィイ》とは無関係で、修辞学、文法、弁証を含む――だった。逆に上級コースでは、四科、つまり、算術、幾何、音楽、天文をやらされたのである。現代イタリアに文科高等学校（リチェーオ・クラッシコ）と理科高等学校（リチェーオ・シエンティフィコ）があるのといくぶん似ている。

しかしながら、十把《じっぱ》一からげにする前に、われわれはスコラ哲学の三期を区分しなければならない。七八二年カルル大帝とともに始まり、十一世紀末に至る時期、十二、十三世紀を含む時期、そして十四世紀から十五世紀初頭に至る時期である。

第一期のスコラ哲学は、修道士や司祭の手中に握られており、宗教にかかわる科目に注意が向けられており、より技術的な科目は一般人に任されていた。第二期には、二種の学校が唯一の課程に融合され、教育の本部も一つだけとなるに至った。本部に関しては、授業が行われる場所に応じて、教区、修道士、司教、王宮、広場のそれらに分けられた。

その後、十二世紀以降、人類は旅をし始めたのであり、経済は純農業の段階からマーケティングの段階へ移行したのである。商業が発展していき、相互にひどく隔たった、海で分けられた国どうしでさえ、産物の交易が増大していった。それにつれて、スコラ哲学も市場の要請に合わせたり、その関心領域を増やしたりすることを強いられた。こうして、修道士たちの哲学（sapientia）と知識人たちの科学（scientia）との対立が発生するのである。

最後の第三期には、最初の大学（Universitates）が芽生えた。当初は、今日ならクラブとでも呼べそうな、私的な場所に過ぎなかった。そこでは教師と学生が出会って、自由闊達に考えをやり取りできた。最古のものとしては、ラヴェンナ、パヴィーア、ボローニャ、パードヴァ、そして私のこよなく愛するナポリ大学「フェデリーコ二世」が挙げられよう。

授業は三部より成っていた。黙読(lectio)では、古典テクストが厳格な沈黙のなかで読まれ、談論(quaestio）では、相異なる見解をもつ二人の報告者（同じ教師から任ぜられた抗言者（opponens）

と回答者（respondens）が張り合い、また学的討論（disputatio）では、学生たちも加わり、テクストの賛否があますところなく検討された。ただし、学的討論を論争と混同しないように注意されたい。学的討論とは、黙読において読まれたことを教師の前でよりうまく秩序立てて述べるための一つの方便にほかならなかったのだ。まあ、言ってみれば、たしかに民主的ではあったのだが、ただしそれは或る限度までのことだった。

第一段階では、哲学は神学の奴婢（ancilla theologiae つまり、宗教の下女）と見なされた。この定義は私のものではなくて、すでに引用したペトルス・ダミアニのものなのだ。この修道士はユーモアの感覚がまったくない、烈火のごとく怒りっぽい人物だったのであり、彼とは議論することさえ困難だったのである。彼に言わせると、信仰が常に優先されねばならない、さもなくば、ただちに教会から破門されねばならない。進級を欲する者は、このことを忘れないようにするほうがよかったであろう。最終結果としては、自分の子弟に最小限の教育を施すには、次の選択をするしかなかった――無知な人間にするか、それとも盲信家にするか、の。

逆に第二段階――十二世紀から十三世紀に及ぶ――では、信仰と理性がだんだん離れ始め、そしてとうとう最後の第三段階では、相互に戦い合うに至った。唯名論者と実念論者との間の論争があまりにも激烈となったため、オルガナイザーたちは演壇の真ん中に木製のパネルを設けて、二人の弁士が摑み合うのを阻止せざるを得なかったのである。(1)

だが、古代ギリシャ人の教え方とスコラ哲学のそれとの主たる相違は何だったのか？　言うは易く

行う は難し。ペリクレスの時代には賢者たちは銘々門弟の一群に囲まれながら、アテナイの街路をあちこち歩き、善と悪のことを話すのだった。門弟たちは最大の注意をもって傾聴しており、ときどき師匠をさえぎって質問した。一般に、定められたテーマは存在しなかった。即興で議論されたのであり、ほとんどいつでも生徒たちが論題を提起するのだった。論じられたのは、霊魂、愛、存在、生成、法、その他万般についてだった。

ところで、ほかでもすでに述べたように、私にもこの種の経験をしたことがある。十九歳になったばかりで、工学部の一年生だったとき、私は個人的なソクラテスとしてレナート・カッチョッポリ先生(2)という、ナポリの有名な数学者を選んだのだ。私は午前八時に他の三人の同僚と一緒にキアイア通りのチェッラマーレ住宅の先生の家に行き、それから大学まで先生に同行した。徒歩のときもあれば、逆に雨で各自が切符を買ってトラムで通学したこともある。われわれが道路を歩くときは、先生はみんなの前一メートルのところを歩きながら、語るのだった。われわれは影みたいに先生の後に従い、一語も聞き逃がさないようにした。でも、先生に同意できなかったときには、そのことをわれわれがごく率直に言うと、先生は振り向くことなく考えを詳しく説明するか、こうわれわれに語るのだった——「よろしい、諸君が望むようにしなさい。でも、今はちょっと考える時間をくれたまえ。明朝お答えしよう」。それから、かならずこう付言するのだった——「とにかく思索するときに大事なことは、心を使うのではなくて、頭を使うことだよ」。その後ひどいことに、ある日まるで前言を取り消したがるかのように、先生は自殺してしまい、われわれは先生を永遠に失ってしまったのである。どうやら、先生が愛していた女性のあとを遠くから尾行して行き、この女性が新しい恋人と一緒にカプリ行きの船に乗り込むのを見たためらしい。たしかなことは、先生が帰宅するや、まさしく自分の頭にピストルを一発撃ったということである。

（1）ゲオルク・ヴィルヘルム・フリードリヒ・ヘーゲル『哲学史講義』Ⅲ／1。

（2）より詳しく知るには、拙著（谷口伊兵衛訳）『物語ギリシャ哲学史Ⅱ』（而立書房、二〇〇二年）第13章を参照。

第10章　エリウゲナ

哲学史で私に理解できないことは数多くあるが、そのうちの一つに、どうしてヨハンネス・スコトゥス・エリウゲナがスコットランド人エリウゲナと呼ばれているのか、という疑問がある。ある人びとがスコトゥスと呼ぶのは、彼がスコットランドで生まれたからだし、他の人びとがエリウゲナと呼ぶのは、彼がアイルランドで生まれたからである（ケルト語の形 Eriu = Erin「アイルランド」に由来）。唯一説明できることは、彼が八一〇年頃に生まれたとき、スコットランドとアイルランドは一つの国だったということだ。とにかく、どこに生まれたにせよ、彼が落ち着いたのは、フランス王シャルル二世禿頭王〔八二三－八七七〕の宮廷であり、宮廷学校（Schola Palatina）の校長になったのだった。これだけ述べた上で、われわれとしては中世哲学史ではなはだ尊敬すべき位置に値いするだけのかくも重要性をもつ、どんなことを彼が言ったのかを理解するべく努めよう。

スコットランド人エリウゲナによれば、信仰と理性とは、同一の位格《ペルソナ》〔神〕によって創造された以上、互いに敵対することはできない。われわれが神を信じたがるというのは、われわれが魂の奥底で神の現前（ないし必要）に気づくにせよ、あるいはわれわれが多かれ少なかれ複雑な一連の推理を介して神の存在に到達するにせよ、最後はいつも同じところ――混沌とした世界を用意した創造主が居られるはずだということ——に行きつくからである。むしろスコットランド人エリウゲナの誤りは、少なくとも当初は、理性のほうが信仰よりも少し重要だと評価している点にあった。つまり、あるとき一回だけだが、哲学は欲すれば宗教にとっての貴重な同盟となりうるし、それどころかむしろ、ある種の厄介な事柄を早く理解するに至るための近道たりうる、と主張したのだが、この発言が終わることのない数々の批判を招来したのだった。結果、八五五年と八五九年の二回の宗教会議で有罪の判決を受けた。彼も私の著名な同僚作家が数年前書いたように、《心のおもむくままに[1]》と言うだけに止めておいたとしたら、こんな面倒を蒙らずにすんだであろうに。

ヨハンネス・スコトゥス・エリウゲナはほぼこんなことを言っていた——「目を開けて周囲を眺めたまえ。世界が成長し、波立ち、あなたに語りかけ、あなたを刺激するのを見たなら、あなたはやむなく認めるべきなのだ、この世界をスタートさせた誰かがいたということを。ところで知っておいてもらいたいのだが、この誰かとは神なのであり、われわれを取り巻くすべてのものは神なのだ。水、空気、大地、火、星、太陽、風、ライオンは神なのだ。しかも、真理、善、本質、光、正義……も神なのだ。わずかなもので申しわけないけれど」。このことは、自然を過大評価したり、信仰を無視したりすることを意味するのではなく——お願いだからそれは止めて欲しい——て、われわれの信仰に手を貸すように自然に訴えることを意味する。

とにかく、有罪判決を受けてからは、ヨハンネス・スコトゥスはできるだけより慎重になった。「理性がなければ、信仰は時間がかかるし、信仰がなければ、理性は空虚である」、と彼は言うのだった。それでもわれわれとしてはこう自問したくなる――「でも彼が見解を変えたのは、脇を守ろうと欲したからなのか、それとも、信仰が世界に存在する最大の美徳だと確信していたからなのか?」と。確かなのは、当時は語る際に〝たぶん〟という語を加えるだけで、悲惨な事態を招いたということである。

『自然の区分について』(*De divisione naturae*)という主著の中で、ヨハンネス・スコトゥス・エリウゲナは四つの異なる自然を区別している。

(1) 万物の源にある、創造する自然、つまり神。

(2) 創造された、かつ創造する自然、つまり、創造されたイエスとロゴス。ただし、これらは今度は一つの宗教を創造した、より正確に言えば、普及させた。

(3) 創造されたが、創造しはしない自然、つまり、人間的および非人間的なあらゆる顕現においてわれわれを取り巻いている世界。

(4) 創造されたのではなく、創造しもしない自然、つまり、またしても神なのだが、今度は永劫の生の形を取る。すなわち、われわれが自分で知るような世界なのだ。私はできるだけ遅く到達することにする。

ヨハンネス・スコトゥス・エリウゲナはこう明言している――人間は自らのうちに一つ以上の自然を有するのだ。つまり、幼いころは天使に似ているし、成人すると動物になり、老人になると虫のように死ぬのである、と。ところで、お分かりいただきたいのだが、私としてはその正反対のことを考えている。明らかに、この哲学者は人間をその外観からのみ判断していたのだ。実際、私は七十歳を超えているが、自分を少しも虫とは感じていないし、逆に、年齢を重ねるにつれて、ますます自分が魅力的になるように思うのである。私が十八歳だったときの若者と自分を比べて、私はより善良、より聡明、より敏感になったと思っている。実際、何かのことで私が感動しないで、一日が過ぎることはないのだ。昨日もチャップリンの『ライムライト』を再鑑賞したのだが、最後に涙にあふれながら映画館を出たのだった。

ヨハンネス・スコトゥス・エリウゲナのもう一つの面白い考え方は、罪に関するものである。ある人びとの確信によれば、神は全能である以上、欲すれば、人間がもはや罪を犯さないようにできるであろう、ということになる。「しかしそれでは」とこのわれらが賢者は反論するのだ、「罪を犯す可能性や罪を犯さない可能性がないとしたら、罪を犯さずに生涯を終えたとて、それが何の価値をもつだろうか？」と。

論説『聖なる救霊予定について』（*De divina praedestinatione*）において、この哲学者は罪を犯すそれをも含めて、人間のあらゆる自由を擁護しており、文字通りにこう言っているのだ——「犯すことができないものを禁止しても、無意味だろう」、と。この問題に関して、オルベの修道士ゴテスカルクスとその直接の上司ランスの司教ヒンクマルとの間で決着のつかない論争が生じた。つまり、前者は万事が神によりすでに定められているという原理を主張し、他方、後者は自由意志を擁護したのである。

ゴテスカルクスは「われわれが生まれる前にすでに、神は誰が天国へ行き、誰が地獄へ行くのかを知っている」と言った。

それに対して、ヒンクマルは「まったくそんなことはない。各人が自分の未来を作り出すのだ」と応じた。

「それはまた、どういう意味ですか？」とゴテスカルクスは言い張った、「神は或ることを知ることができない、というのですか？」

「神は知ることはできる」、とヒンクマルは主張するのだった、「だが、神はそれを決定することはできなかったのだ。神はそれをあらかじめ知るだけなのだ」。

エリウゲナが選んだのは中間的な立場だった。彼は人間を選ばれた者と悪者との二群に分けた。彼が言うのには、前者に関しては神は未来をすでに決めている。つまり、彼らは罪のない生涯を送り、すべて天国に行くことになろうが、逆に後者に関しては、いつも悔むことが可能な以上、神は希望の糸を存在させ続けている。したがって、スコットランド人エリウゲナに言わせれば、悪者に生まれるということは、確定刑罰ではなかったのである。つまり、生涯の最期の瞬間には、選ばれた人びとの群れに加わることがいつもできたのだ。だから、神があらかじめそれを知っているということは、それ自体、条件作りとはならなかったのである。

動機はよく分からないのだが、ヨハンネスは学校を出たところで弟子の一人によって殺害された。

ひょっとして、ありうべきさまざまな性質について或る門弟をあまりにも質問責めで苦しめたからなのかも知れない。逆に或る人びとによると、晩餐会のときこの哲学者が不用意に漏らしたまずい返答に立腹した皇帝本人が主犯だったのかも知れない。話によると、二人は食卓の両端に座っていたというし、スコトゥスは少々飲んでいたのかも知れない。実際、彼は皇帝の客人たちを面倒な質問で困らせることが幾度もあったのである。食事が終わりとなって、シャルル禿頭王が彼に尋ねた、「愚か者とスコトゥスとの違いはどれほどかね?」するとスコトゥスはあまり考えることなく答えた、「この食卓の長さです、陛下」。翌日、なんたることか、彼は背中にナイフが突き刺さったまま、学校近くの路上で発見されたのだった。

(1) スザンナ・タマーロ(泉典子訳)『心のおもむくままに』(草思社、一九九五年)参照。(訳注)

第11章　アヴィケンナ（イブン・シーナー）

この時点で、哲学思想の権杖は手を変えて、キリスト教徒からイスラム教徒へと移行する。私がイスラム教徒というとき、最近のテレヴィジョンで見かけるイメージ、つまり、頭にターバンを巻き三〇センチメートルの長さの髭をたくわえたターリバンたちを指してはいなくて、西暦紀元九－十二世紀に活躍した思想家の一群を指しているのである。実際、よく知っておいて欲しいのだが、イスラム教徒のうちには、われわれが全幅の尊敬をはらう価値のある、まさしく才人たちが存在したし、今なお存在している。前置きはこれだけにするとして、コンスタンティヌスの時代にはキリスト教と哲学との間に葛藤があったのと同じく、至福千年の頃にも、イスラム教と理性との間に途方もない衝突が生じたのだった。多少の優劣はあれ、アル＝マサッラー、アル＝キンディー、アル＝ファーラービー、アル＝ガザーリー、アヴィケンナ（イブン・シーナー）、アヴェロエス（イブン・ルシュド）、といったような多人数の哲学者は、アリストテレスの思想を『コーラン』と符合させるべくひたすら努力したのであり、私の高校の先生の言葉を用いるなら、彼らは〝苦いキャベツ〟(cavoli amari) だった（ここで〝cavoli〟とは、一九四八年に男女共学のクラスとなり、もう決して口にできなくなった男性器のことを指していた）。

アヴィケンナ、別名イブン・シーナ（九八〇－一〇三七）は周囲でとても尊敬された医者だったのであり、これはまた、彼が『治癒の書』（キターブ・アッシファー）を書いたためでもあったろう。十七歳に過ぎなかった少年の時分に、アリストテレスの『形而上学』を買い、彼はこれに衝撃を受けた。彼みずから自伝の中でそのことを告白している――「私はそれを四〇回も読んだが、いつも全然分からなかった。これではいけない、これではいけない、何かを理解しなくちゃならん！　と自分に言いきかせた。そして、ページを懸命に汗しながら繰《く》るうちに、とうとう論理の道筋を発見することに成功したのである」。

だが、アヴィケンナはアリストテレスの何を理解したのか？　有はかならず存在しなければならないし、このことに到達するために次の推論をしたということを、である。つまり、森羅万象は創造主を必要とする（そしてここまではわれわれ全員が同意している）が、しかし創造主も自らを創造主と感じるためには、森羅万象を必要とするし、そうでなければ、いったい創造主とは何なのか？　もちろん、アヴィケンナはこのことをかくも簡単に言ってはいなくて、より気どった言葉で述べているのである。しかもこれだけではない。創造主の存在の必然性がひとたび証明されるや、彼は推論を続行して、こう主張するのだ――「有そのものの必然性は、それが存在する限りにおいて感じられるのであり、存在しないことはあり得ないであろうし、または、もし真に存在しないとしても、違ったやり方で存在しているのであろう」。換言すれば、「自然の諸物は不可欠であり、不可欠である以上、それらは必然を論理的前提としている一つの過程から生じている。この場合の必然とは、神の存在と解される」。読者諸賢には申しわけないが、私にはこれ以上にはっきりとした説明はしかねる。ご不満の向きは、アヴィケンナに対して立腹されたい。

けれどもあいにく、われらが哲学者は医者であるほかに、占星術師でもあったのであり、このことが、アリストテレスとは無関係な推論法を彼に供することになるのだ。占星術師アヴィケンナは言う——人間は星辰の動きを完全に知れば、未来をぴたり正確に予言できるであろう、と。彼はまた言う——すべてはありうるものと必要なものとの間に存在する相違に依存する。好ましいことがかならずしも可能とは限らず、逆に不快なことは——なぜなのか神のみぞ知る——必然であり、避けることができない。諦めねばならないのだ、と。


アヴィケンナが徹底的に論じた主題は、霊魂の不滅性だった。彼が言うには、われわれは銘々、一つだけではなくて、二つの霊魂を有する。一つは劣等な、「受動的魂」とも言われるものであって、これは存在するために身体を必要とし、また、復活をただ希望できるだけである。もう一つはもっと美しくて、「能動的魂」と言われるものであって、これは上等な性質をもっており、ひとたび最期の息を引き取るや、他の選ばれたすべての魂とともに、神の心に直行してしまう。より正確に言えば、アヴィケンナの確信によると、われわれは銘々、一つの身体と二つの魂をもつ個体なのであるのだが、ある日抜擢《ばってき》されると、アラーの心に直行することになろう。ところで、はっきりさせておきたいのだが、私としては、二つの前望のどちらも気にくわない。

前者、つまり劣等な魂に関しては、私は復活を信じたことがない。私は自問してみるのだ——五〇〇年前はレオナルド・ダ・ヴィンチだったとしても、そんなことを憶えていない以上、どんな意味があろうか！　と。逆に後者、つまり、アラーの心に直行する魂に関しては、この名誉には感謝しつつも、私をもっとも怖がらせるものは、退屈さである。他のあふれる魂たちと一緒に、みんなすし詰めにされて、まったくなすべきこともなく、自殺すらもできずに、永久に生きるのは、死ぬほど私を退屈させることであろう。やれやれ、私は〝死ぬ〟と言ってしまった！　私がアヴィケンナを理解していないのは明々白々である。

さて今度は普遍（一般概念）のことを話題にすべきであろう。ところで、前置きでもすでに述べておいたが、哲学のテーマで普遍（一般概念）ほど退屈させるものはなかった。かくも大勢の思想家たちがなぜこれを夢中になって論じたのか、合点がいかなかった。ひょっとして、彼らの弁証の巧みさを実証するためだったのではなかろうか。

普遍（一般概念）を初めてだしにしたのは、テュロスのポルフュリオスだった（アリストテレスの「範疇論」入門『イサゴーゲー』）。だが本当を言えば、普遍（一般概念）の発見者は、洞窟の神話の中でイデアで変装した普遍を歩かせているプラトンだった。だが、今やわれわれはアヴィケンナの普遍について語らねばならない。それは何を問題にしているのか？　理解するために、われわれは一例を挙げよう。私は生き物、正確には動物だが、しかしまた、白い肌と、青い目を有する両足動物であり、イタリアのナポリ生まれ、等々であり、視野を狭めると、私はどれほどの身長があり、どれほど太っており、どれほどの年齢であり、どれほど怒りっぽいか、を言うことになる。実際、私は普遍特徴から出発して、個別特徴に至ったわけだ。どのレヴェルまで定義が〝普遍〟なるタイトルをつけられるか、そしてそれからどの時点まで〝個別〟に過ぎないのかを突き止めなくてはならない。また要するに、こういう苦労がいったい何の役に立つのか？　━（太文字の一）が最初に普遍を想像し、それから、われわれの頭の中にそれをばらまいたことを証明するのに。

　アヴィケンナは言う――アラーは馬を創造する前に、馬の観念をすでに脳裡に抱いていたに違いない。だから、〝馬性〟が――つまり、われわれの頭脳の中にもある、あらゆる馬に共通の何か、そして、われわれが或る馬を見るたびに、「これは馬に違いない！」とわれわれに叫ばせるものが――存在するのである。数学的に言えば、〝馬性〟とは、すべての馬の最小公倍数ということになろう。だが、これでは十分でない。よく考えてみると、まったく同一の〝個物〟は二つと存在しない。双子でさえもまったく同一ではない。たとえば、私の女友だちのイザベッラ・ロッセッリーニには双子がいるが、彼女とは目付きといい、性格といい、まったく異なる。またカインとアベルにしても、実を言うと、身体的なものはともかく、少なくとも行動ではいささか異なっていた。それにもかかわらず、二人を共通点で結びつける特徴は存在する。

　最後に、アヴィケンナは悪をわれわれに説明しているのだが、しかし、これを神になすりつけることはまったくしていない。

　神は始動させただけなのだ。その後
　世界がときたま好き勝手に進んだとしても、

神にその責任はない。より注意すべきなのは、われわれのほうなのだ。

第12章　至福千年、いやもう至福千年には非ず

「ヨハネ黙示録」第二〇章はこう語っている。

我また一人の御使《みつかひ》の底なき所の鍵と大いなる鎖とを手に持ちて、天より降るを見たり。彼は龍《たつ》、すなわち悪魔たりサタンたる古き蛇を捕へて、之を千年のあいだ繋ぎおき、底なき所に投げ入れ閉じ込めて、その上に封印し、千年の終るまでは諸国の民を惑はすことなからしむ。(1)

福音書作者ヨハネの書いたこの僅かな詩句から、〝千年至福説〟として知られる集団ヒステリーが生じたのであり、当時の人類をすっかり錯乱させたのだった。信者も信者でない人も、十世紀の最後の日々をこの上ないくらいひどい気分で過ごしたのである。とはいえ、この主題に関しては相互に反する二つの版が存在しており、二つともまことらしいものである。これらを冷静に検討してみよう。

第一の版

第二の千年至福の一月一日に近づこうとしている。すべての人間が怖さで震えている。「至福千年、いやもう至福千年には非ず」、とあちこちの教会の中で説教師たちが叫んでおり、銘々がこの世の終

末を想像できる限り悪く物語っている。鎌《かま》を持った死神の到来、トランペットを持ったヨハネ黙示録の騎士たち、狂暴なバッタたち、緑色の馬、別の惑星から来た怪物たち、罪人たちの足下に開いた深淵、瀕死の人びとの上を飛び回る蚊、人類を包む炎の柱、とろ火で焼かれて、消耗せずにずっと永劫の責め苦を受ける者たち、といったことを。要するに、地獄よりもっとひどい地獄風景を！ そして、これでは十分ではないとでもいうように、反キリストすらの話までもが。

聖ヨハネはわれわれを怖がらせるべく全力を尽くしており、第十三章ではこう告げている。

我また一つの獣《けもの》の海より上《のぼ》るを見たり、
之《これ》に十の角と七つの頭《かしら》とあり、
その角に十の冠冕《かんむり》あり、
頭の上には神を瀆《けが》す名あり。
わが見し獣《けもの》は豹に似て、
その足は熊のごとく、その口は獅子《しし》のごとし。
(……)
全地の者これを怪しみて獣《けもの》に従へり。
また……彼ら……その獣《けもの》を拝して言ふ
「たれか此の獣《けもの》に等しき者あらん、
誰か之《これ》と戦ふことを得ん(2)」

ところで、黙示録は「破滅」ではなくて「啓示」を意味する以上、人類は至福千年の最期の日々ほど善良だったことはないように見える。教会は信者でいつも埋め尽くされていたし、説教師たちは説教壇からがみがみ怒っていたし、告解者たちは涯てることのない罪人の列をつくっていたし、馬巣帯(3)売りたちはしこたま儲けていたし、金持ちたちは貧乏人たちに衣服を奮発していたし、健康な人間は病人の世話をしていたし、そして、殺人事件や窃盗事件はもはや報告されていなかった。最後の夜、みんなはひざまずいて祈り始めた。通りや広場には、満ちあふれた人びとが空を眺めながら、十字を切っていた。すばらしい夕べだったらしく、月はかつてないくらい輝いており、誰も——まさに誰も——はしたない行為をしでかす者はその晩にはいなかったと言う。

それから一〇〇一年となった。そしてありがたいことに、みんなは以前と同じようにはしたない、しかも以前よりも悪い行為をしでかし始めたのである。このことに関してはジョズエ・カルドゥッチの実にすばらしいコメントがある——「あなたたちは、二〇〇〇年紀の初日の太陽が昇ったときの喜びをご想像されましたか!?」

第二の版

そのときまったく何事も起きなかった。大半の人類はどの年に生きているのかさえ知らなかった。なにしろ、年月日のシステムも相互にはなはだしく違っていて、ある国では九九七年、別の国では一〇〇一年、またほかの国では一〇〇三年、という具合だったからだ。ほとんど分からない状況だったのだ！

実はわれわれがどの年に生きているのかさえ、知るのはむつかしい。われわれ自身、それは分からない。ヘロデス大王が西暦紀元前四年に本当に死んだ、したがってまた、キリスト没後四年に「（二歳以下の）嬰児《えいじ》虐殺」を命じることができなかったとしたら、また、六世紀にディオニュシオス・エクシグウスが、十六世紀にルイージ・リーリオ〔（一五一〇頃－一五七六頃）カラーブリアの医者。『暦回復の新思考法』（一五七七年）〕が、太陽年の正確な持続期間を計る際に重大な誤りを犯したのだとしたら、イエスは生誕したと信じられているときには生誕していなくて、（少なくとも）西暦紀元前六年に生誕したことになろうし、だからこそ、今日われわれは二〇〇三年ではなくて、二〇〇九年に生きているわけだ――二〇〇〇年十二月三十一日のちょうど真夜中に花火を打ち上げて、感動しながら三千年紀の始まりを互いに抱擁して祝った人びとすべての同意を円満に得たうえで。

とどのつまり、当時は誰もまったく何も知らなかったし、聖書も主張していたように、イエスでさえ、世界の終末の正確な時刻を知らなかったのである。それでも、魔法使い、妖術師、占星術師は、ひとたび恐怖を克服するや、いつもの仕事、つまり、星占いや予測を次々生みだすことをやり続けたのであり、今日でもテレヴィニュースや良質の雑誌でぴったり行われているように、単純な人びとはそれを信じ続けたのである。

だから、この第二の版に従えば、千年至福説は十九世紀の或る文士たちのロマンチックな考案に過ぎなかったことになろう。

キアーラ・フルゴーニ・セッティスの本『終末論の夢と悪夢』(*Sogni e incubi della fine del mondo*)から、われわれは現在のサン＝ブノワ＝シュール＝ロワールの大修道院長アッボー〔(九四五－一〇〇四)九八八年に大修道院長となる〕がおり、彼の教区の信者たちを落ち着かせるためにあらゆることをしたが、実際には何らの効果も得なかったことが分かる。スローガン「至福千年、いやもう至福千年には非ず」ははなはだ説得的だったから、大衆の心を引きつけた。無邪気な人びとも懐疑的な人びとも、簡単に策略にはまったのであり、それでアッボー師はいくどもリンチされる危険に陥ったのである。さながら、彼は罪を犯したありとあらゆる人びとを死なせるためにサタンからわざわざ送り込まれた悪霊ででもあるかのようなことになったのだ。今日ならテロリズムに関して起きつつあるように、集団ヒステリーを拡散するラジオ、テレヴィ、新聞があるが、当時はそういうものがなかったことを考えられたい。

さらにいくつかの符合があったために、終末論の恐怖がますます増大したのだった。グレンブーのシジュベールなる者は、不吉な彗星、地震、嵐、その他の天災について語っている(4)。しかも、これだけではない。ナポリでは、終末とされたより数年前に、ヴェズーヴィオ山が噴火し、溶岩で都市全体を埋めるほどの灰や火山礫を撒き散らした。それから少し後には、ローマも含めて、ガリアおよびイタリアのほぼ全都市が出所の分からぬ火災で荒廃させられた。サン・ピエトロ大聖堂のアーキトレーヴも業火にとりつかれたため、信者たちはどっと、この聖者の墓にかけつけて、聖なる助けを懇願した。このとき、サタンが鎖から解き放れていると人びとが考えなかったはずはない。

この千年至福説に対してもっとも重大な関心を引く反論が、若干の懐疑論者からなされたのも、偶然ではない。「神が魔王《サタン》を打ちのめすことができない、などということがどうしてあり得よう。神が魔王を絶滅させないとしたら、除去することをお望みにならないか、実際に滅ぼすことがおできにならないか、の理由からだろう」と彼らは自問したのだ。だから、この二つの質問のうちの一つは、他のそれよりも面倒なものだった。その回答はこうだった——神がサタンを用いて、人間の犯した罪を罰しようとなさっているのだ、と。

ところで、悪魔に関しては、話はもっと複雑化した。われわれ〈西欧人〉は悪魔を、裸で、赤い皮膚をし、角と尾を持つものと想像することに馴れている。ところが、聖ヨハネは悪魔を「かの大《おお》いなる龍《たつ》、すなわち悪魔と呼ばれ、サタンと呼ばれたる全世界をまどわす古き蛇(5)」と記している。したがって、悪魔は赤くないばかりか、天使に瓜二つの使いたちも従えているのであり、これらのうちには——聖ヨハネも明らかにしているように——一人の女性もいるのだ。「汝はかの自ら預言者と称えて我が僕《しもべ》を教へ惑し、淫行をなさしめ、偶像に献げし物を食はしむる女イゼベルを容れおけり。我かれに悔改むる機《おり》を與ふれど、その淫行を悔改むることを欲せず(6)」。

ローマで千年至福論者を先導したのは、アンセルムスなる名前の「トラピスト修道士」だった。彼は実際上、狂人だったのであり、半裸で街中を歩き回りながら、さびた細い鎖で自ら肩を鞭打った。幾千もの信者を集めて、彼らに悔改めるよう勧めるのだった。

「諸君は間に合う限り、神に赦しを乞いたまえ！」とアンセルムスは叫ぶのだった、「持ち物を貧者に与えたまえ！　諸君を侮辱した者たちを赦したまえ！　諸君の敵の足に接吻したまえ！　遅れ過ぎる前に、懺悔して聖体を拝領したまえ！　主が諸君を待っておられるのだ！」

忘れていけないのは、死の数々の告知者のうちに、もうひとりの修道士モンタノス（二世紀）がいたことだ。彼は幾世紀も前に終末論を詳細にすでに述べていた〝モンタノス主義者たち〟の一派のリーダーだった。彼の言によると、ペプサ平原（フリュギア）に心の正しい人びとしか入れない清純な都〝第二のエルサレム〟が天から降臨するだろうとのことだった。この都は多数の信者によってすでに四〇回以上も目撃されたのであり、しかも、曙光の初めにほんの数秒間だけ現われたのであって、その後は太陽が昇ると消え失せるのだった。モンタノスは話しているとき、決まって癲癇の発作に襲われた。彼を助けていたのは二人のベギン会修道女、プリスカとマクシミッラであって、彼女らはほとんどいつも不可解な彼の言葉を通訳していたのである。

そしてとうとう、最期の日の前に、ナポリ人カンナータ――別名「出来損いの小人」（*'o nano curto e male 'ncavato*）――なる者が現われた。彼は一メートル足らずの自称占い師であって、この世は二つの場所だけが救われるだろう、とのテーゼを主張した。正確には、一つはカープリ島の或る洞窟であり、もう一つはミゼーノ岬の或る洞窟というより、むしろ穴である。

彼の予言によると、「シビッラの洞窟の奥にもう一つの洞窟があり、この洞窟の奥には、私だけが入れる一つの穴がある。その穴の中には聖母マリアの小さな像がある。諸君の財産を私にあずけてくれれば、私は聖なる乙女マリアの足下に置いてこよう。諸君はその夜、帆掛け船に乗って、カープリ島の南のカラ・デル・リーオに行き、身を隠しなさい。そこには、海を通ってだけ接近できる小さな洞窟が一つ見つかるだろう。宝石とか、他の貴重品とかを身に付けていない人びとだけが生き残れるであろう。それから翌日、諸君がナポリに戻れば、私は諸君の宝をすべてお返ししよう」。

　言うまでもないが、この出来損いの小人は世界の終末が始まるや否や、彼を信頼した人びと全員の宝石とともにずらかったのである。

(1)『舊新約聖書』（聖書協会聯盟）、三七三ページ。
(2)「ヨハネ默示録」（聖書協會聯盟版）、三六六ページ。
(3) 苦行者がじかに膚に着用するための、馬巣織の帯。（訳注）
(4) Rodolfo il Glabro, *Cronache dell'anno Mille* （至福千年年代記）, Fondazione Valla-Mondadori, Milano. 1989.
(5)「ヨハネ黙示録」（前出）、三六五ページ。
(6) 同書、三五六ページ。

第13章　アイモン

至福千年の初めにサレルノで二元説なる異端が生じたと言われる。これを唱道したのは、アイモンという、破門された修道士だったらしい。彼はまた、二元論者、サレンティーノ、または指導者（*Magister*）としても知られている。このアイモンは一メートル九〇センチ以上の大男で、当時としては例外的な身長だった。そのため、ある人びとは彼をからかって、「アイモン、アイモン、大男総身に知恵が回りかね」（*Aimon, Aimon, homo longus rara sapiens*）と言うと、アイモンは言い返すのだった――「だけどもし賢ければ、大層賢いぞ」（*Sed si sapiens, sapientissimus*）と。

私はあらゆる中世哲学史の中にアイモンを探したがついに見つからなかった。初めに（かつ最後に）彼について私に語ってくれたのは、引退した哲学教授で、エルメーテ・カロージェロなる人物であって、彼はたまたま、ナポリ対サレルニターナの試合で、厳密に最後の一分に1対0でナポリが勝利したときだった。この教授はサレルノファンであったから、かんかんに怒ってスタジアムから出た。そして、私も哲学に関心をもつことを悟ったとき、彼はすぐさま仕返ししようと欲したのだ。彼はナポリ市を毛嫌いしており、あまりにも毛嫌いしていたから、もう一度ヴェズーヴィオ火山が噴火するのを望んだほどだった。

彼は私に言った。「あんたらナポリ人はサレルノのスコラ哲学がどんなものだったか想像もできまい。ナポリの見苦しいスコラ哲学とは大違いなんだ！　中世では哲学とか医学とかに関して、何かを学ぼうと欲した者は、われわれの所、サレルノにやって来ざるを得なかったのだ。医学に関しては、われわれの所からは、一〇六〇年にヒポクラテスやガレノスの全著作をラテン語に訳した偉大なコンスタンティヌス・アフリカヌス〔一〇二〇頃―一〇八七頃〕が輩出した。一方、哲学に関しては、崇拝すべきアイモンがいたんだ！」

以下は、カロージェロ先生がまさしくアイモンについて語ってくれた話である。

この二元論者は二〇年間、三学（文法・弁証法・修辞学）や四科（算術・幾何・音楽・天文）を教えた後で、アンバランスな考え方を教え始めたため、ナポリ司教の怒りを買う結果になった。彼の異端は一人ではなく、二人を――より正確には、兄弟二人を――信ずることにあった。この指導者の確信によれば、天には一人の創造者ではなくて二人の創造者がおり、両者とも強力であり、両者とも永遠不滅である。ただし注意すべきは、アイモンのこの二者をマニ教徒たちの善と悪と混同しないことだ。この二元論が言わんとしていたのは、未来は不確かであり、正しい道と間違った道との選択はもっぱらわれわれだけにかかっており、決して他人にかかっているのではない、ということだけなのだ。彼の言によれば、信者たちはその瞬間にどう感じたかに応じて、いずれかの神を自由に選択できた。したがって、選択は信仰にというよりも、直観に負うことになる。

信仰のシンボルに数を選ぶのは、古くからある話だ。一つがあたかも真の神であるかのように信じたパルメニデスを始めとして、マニ教徒たちの二つ、三位一体の三つが続き、最後に四位一体を賞賛したロドルフォ・イル・グラブロの四つに至っている。

イル・グラブロは、人生において重要事はいつも四つだ、と言った。[1]福音書は四つ（ルカ、マルコ、マタイ、ヨハネ）、基本要素は四つ（空気、水、土、火）、エデンから流れ出る大河は四つ（ピソン、ギボン、ユウフラテ、ヒデケル（チグリス））、感覚は四つ（視覚、味覚、聴覚、嗅覚）である。彼は触覚は罪の元と判断して、これをはぶいていた。私の知る限り、宗教のシンボルとしてゼロを選んだ人は皆無である。無の賛美者としてエウゲニー・バザーロフなる主人公が出てくる、ツルゲーネフの小説『父と子』に魅せられたニヒリストなら、たぶん別だろうが。しかし、今やわれわれはアイモンと彼の大好きな二つに戻るとしよう。

自由意志は何人ものカトリック教徒をしばしば困難に陥らせた。運命なる概念そのものも、必ずしも人類全体から受け入れられたわけではない。たとえば、俗人たちは必然[2]よりも偶然を、いやむしろ相反する運命のくじ引きを、より信じる傾向がある。[3]

ある人びとは自問する——イスカリオテのユダがシケル銀貨三〇枚で裏切らざるを得なくなるだろうことを、主が心の中ですでに決定していたとしたら、ユダにはどんな罪があるというのか？　とるに足りぬ弟子たる彼が、かくも大規模な計画にはたして反対することができたろうか？　と。

私があの世でもしもユダに出会うとしたら、彼に尋ねてみたい、「やあ、ユダさん、どうしてます？」

「元気だよ、で君は？」

「僕もおかげさまで……ところで、どのようにして、なぜあなたは地獄に堕ちたのですか、教えてくれませんか？」

「私だって知りたいし、本当のところ、私にも分からなかったんだ。私は同意していなかったことを強調するために、自殺までしたんだぞ！　私見では、浄罪界に行って、千年後には他の弟子たちと合流すべきだったはずなのだ。実は天国では、裏切り者の役をうまく演じられる役者が必要だったし、運悪く、私が選ばれたのさ。ときどき思うのだ、私は使命をやり終えたことに対して、賞——聖なるオスカーのようなもの——をもらうに値いするのじゃないかって。私がやったことをするのは容易じゃなかったんだ！」

しかし、カロージェロ先生の意見では、この罪はユダだけのものだった。

「台本は一つではなく、二つあった」と先生は言うのだった、「第一の台本は神一《いち》が書き、第二は神二《に》が書いた。そして、自分の好きな台本を選んだのはユダだったのだ」。

「するとマニ教徒たちの善と悪とに戻ることになります」、と私が反論した。

「いや、そんなことはまったくない」とカロージェロは応答するのだった、「なにしろ、ときどき神一《いち》がより良い運命を提示し、ときどき神二《に》がそれを提示するのだが、とどのつまり、選択するのはいつも人間なのだからだ。ギリシャ人たちには、人生とは絶えざる分かれ道の連続だったのであり、つまり、一方の道を他方の道よりも選び出すのは、個人の選択だった。その道が肯定的と判明したときには、*καταφατική*（肯定的）だし、逆の場合には *ἀποφατική*（否定的）なのだ。この際、神々は何も介入しない。ただ眺めているだけである」。

「では、兄弟二人のうち誰がアダムにリンゴを食べるように勧めたのです？」

「どちらでもない。両者ともそのときは動物群を計画することにとても忙しくて、そのようなつまらぬことで時間を空費できなかったんだ。イヴが夫に禁じられたこの果実に触れるよう勧めて言ったんだ、《ねえ、アダム、愚かなまねはよしてよ。リンゴが何だというの？ こんなことで誰かに悪くとられるなんてあり得ないわ！》」

これで終わらなかった。試合の後、私と先生はカラッチョロ通りに入り、チーロ・ア・メルシェッリーナでコーヒを飲んだのであり、そこで、先生はアイモンの生涯の若干の相について私に教えてくれたのだった。

「この指導者は女性に反感をもっていた。彼は、逆運に介入しうるのは女性だけだ、と言っていた。彼は私の間違いでなければ、洗濯屋をしていたカッシディアという名前の女の後を追うために、教会を捨てていたんだ。だが、この哲学者にはあいにくながら、当の女性は結婚後、パン屋と浮気をしでかした。ある日、アイモンは言ったよ、《哲学はパンとは競争できない。*Primum vivere, deinde philosophari*〔まず生きること、それから哲学することになる〕》、と。実際また、彼が外出するたびに、パン屋はパンを手にして彼の家にやって来たんだ」。

それから先生は付け加えるのだった、「サレルノで語られているところによると、アイモンは晩年、散歩していて、分かれ道にさしかかるたびに立ち止まり、右の道か左の道かを決める前に、コインを空中に投げていた。また話によると、彼が没したとき、二元論者たちが彼のために二つの墓を掘ったという。第一の墓の上には『善良なるアイモン』、第二の墓の上には『悪しきアイモン』と刻んだ。彼が息を引き取ったとき、ユダのいる地獄に行ったか、兄弟の神たちのいる天国に行ったのかは杳《よう》として分からない。だが、サッカーのレフェリーは、ペナルティー・キックを決める前に、コインを用いなくてはならないはずだ……」。

今考えてみるに、一つの道をほかの道よりも選び取ることにより、人生そのものを変える危険があるということは、私にも身近にかかわっている。二つの分かれ道が、私の生活を条件づけてしまったのだから。

第一の道は一九五七年に溯る。私は二十八歳で、時刻は夜九時頃のこと、招かれたパーティに赴くため、チマローザ通りを経て、キアイアのケーブルカーの頂上に到達したとき、友人に出くわした。ナンド・ムローロだった。

「やあ、ルチャー、どこへ行くんだい？」と彼が私に尋ねる。

「バッレット[4]へ行くのさ、ヴァンヴィテッリ広場の」と私が答える。

「どうしてそんなことをするんだい。俺と一緒に来いよ。今ルイージ・サンフェリーチェに行くところなんだ。ここのパーティにゃ、君の想像もつかぬような少女たちがいるぞ！　食事もできるよ。」

私はナンドに従った。私が見かけた最初の少女はあっと言わせるほどの別嬪だった。

「名前は何ていうの?」と私は彼女に尋ねた。

「ジルダよ」と彼女は答えた。

私は惚れ込んだ。彼女も私に惚れ込んだ。その後二人は結婚した。娘ができて、パオラと名付けた。さて今、私は自問するのだ、「もし別のパーティに行っていたとしたら、はたして私の娘は生まれていたろうか?」と。

第二の分かれ道は一九七八年のことだ。私は四十九歳で、技師としてIBMイタリアで働いており、支配人として多額の金を得ていた。(一九七八年に)毎月一〇〇万も。余暇に私は一冊の本を書き、モンダドーリ社から出版した。『ベッラヴィスタ氏かく語りき』である。五〇〇〇〇部売れた。著作権のおかげで、私は約二〇〇万リラを稼いだ。処女作としては少なくはなかったが、転職するのには十分でなかった。作家としてのかくも僅かな報いしかない活動のために、年収三〇〇〇万のポストを捨てることはできない。それで、一介のナポリ人として、私は自分の固定職にすがりつくことになる。

その後、私は或る晩、レンツォ・アルボレに晩餐会に招かれた。私の隣に座ったのは、ひげを蓄え、むくむく太った紳士、マウリツィオ・コスタンツォだった。私が自分のあやふやな状態を彼に告白すると、彼は言うのだった、「そのことを私と一緒にテレヴィで話してみないかね? 次の水曜日、《あなたのおかげ》(Bontà loro)という新番組を始めるのでね。やって来て、あんたのすべての迷いを打ち明け、視聴者がどう思うか、見ようじゃないか」、と。

コスタンツォがテレヴィカメラの前で、書物の表紙を見せた最初の作家、それが私だった。結果はものすごかった。最初の月は一〇万部、翌月も一〇万部、さらにずっと刷りを重ね続けて、とうとう五〇〇万部を超えてしまった。かくて、私は転職し、作家になったのである。仮にあの晩餐会に行かなかったとしたら、おそらく今日、私はかつて一冊の本を書いた、年金生活者の一技師に留まっていることだろう。

結論《モラル》――晩餐会に出かける前に、よく考えてみよう。

(1) Rodolfo il Glabro, *Cronache dell'anno Mille, cit.*

(2) 必然（ギリシャ語 ἀνάγκη）はギリシャ人にとっては運命の女神だった。

(3) より詳しく知るためには、J・モノー（渡辺格／村上光彦訳）『偶然と必然』（みすず書房、一九七二年）を参照のこと。

(4) ナポリではヤングの間では当時、パーティは“balletti”と呼ばれていた。ミラノでは“festine”と呼ばれていた。

第14章　宗教のいろいろ

私には一つの疑念が生じた――「宗教は一つの哲学と見なしてよいのか？」と。そして、私は自ら答えを出したのだ、「然り、宗教はまちがいなく一つの哲学である。とりわけ、人生の選択を意味するのであれば」。

宗教はいつも夥しかった。たぶん、多過ぎるほどだった。もちろん、それら宗教は人間の心の自然な要求を満たしてくれる。たぶん私が過ごした場所により近いこともあって、脳裡に浮かぶ最初のものは、ユダヤ教、キリスト教、イスラム教である。次に続くのは、儒教、ヒンズー教、仏教、そして最後には、その他の幾十ものマイナーな（だからといって、熱意が劣るわけではないが）信仰である。どの宗教もその加盟者――〝信者〟と呼ばれるのも偶然ではない――に対して、絶対的な忠誠を要求する。ただ一つ例外があって、それは私が第1章においてすでに述べたように、あらゆる信仰箇条のうちでもっとも寛容的だった、私の大好きな異教（多神教信仰）である。

中世は宗教性の高い時期だった。三大一神教は、それぞれの予言者（モーセ、イエス、マホメット）とその聖典（三六書から成る旧約、七三書から成る新約、一書だけのコーラン）をもち、人類の生涯を最大限に条件づけてきた。今日、少し離れてこれら宗教を検討してみるに、相互の違いははなはだしいようには見えない。三つとも隣人への愛を説き、三つともあの世を信じ、三つとも本当の生活は今われわれが生きているそれではなくて、来世のそれだ、と確信している。幾人かの信者はむしろ誇張し過ぎて、まちがってしまったこともある。だが狂信者たちをのぞけば、われわれは神、ヤハウェ、アラーに感謝すべきなのだ――中世生活に僅かながら秩序が存在したからには。「中庸は最良だ！」とデルフォイの神殿の壁に書き記した七賢人の一人クレオブロス〔前六〇〇頃〕の霊が祝福されんことを祈りたい。

だがこの時点で、三大一神教とそれらの各予言者につき、簡単に論じてみたい。

モーセ

パスカルは言った、「世のあらゆる不幸は、誰もわが家にいたがらないということによる」（『パンセ』三五四番）、と。そしてこのことを気にしない人がいたとしたら、まさにそれはモーセであって、彼は西暦紀元前十三世紀に、生まれ故郷を捨てて、今日のサウジアラビアに赴く決心をしたのだった。彼は生まれたときから自身の問題をいくつも抱えていた。ファラオのラムセス二世が、目に見えて増加しつつある人口を抑制しようとして、ある日、産婆に対して長男をみな殺すことを命じたのだ。それで、モーセの母親は彼を救うべく、ナイル川でピッチを塗った籐のかごの中に彼を乗せたのだ。ところで、こういう悲劇的な捨て子たちにはありがちなように、この幼な子は死なずに、ほかならぬファラオ〔パロ〕の娘により「水中から救出」されたのである。ところが、成人したとき、彼は土地の権力者とけんかしたので、同国人たちをエジプトの境界からすべて移住させるのがよいと考えた。それから、紅海（彼の前には開かれたが、エジプト人たちの前では閉ざされた）を通過し、ついにサウジアラビアに落ち着いた。当地で祭司〔リウェル〕の娘チッポラと結婚し、ゲルショムとエリエゼルの二子をもうけた。晩年に当地で、神ヤハウェの顕現に接するに至る[1]。これだけではない。数世紀後に彼の無数の子孫の一人ダヴィデがイスラエル王国の首都にエルサレムを選んで、この脱出を完了させたのである。こんなことをしなければよかったのに！　今日でさえ、パレスチナ人とイスラエル人は日々手ひどい戦いをやり合っているのだから。アラーとヤハウェが彼らにもう少し知恵を授けてくれんことを！

イエス

始めに言っておくが、キリストは姓ではなくて通称なのだ。当時、姓はまだつけられていなかった。ある人物をはっきりさせようとしたときには、生まれた場所とか、父親の名前とかが挙げられた。たとえば、パウロはタルソ〔小アジア・キリキア州の首府〕のパウロと呼ばれたし、ダゴベルト一世〔六〇〇頃－六三九頃〕はクロタール〔二世〕のダゴベルトとして歴史に残った。それにひきかえ、キリストは通称であって、〝油を注がれた者〟、つまり、主から聖別された人を意味していた。キリストの生誕の地は誰でも――とりわけ、生涯にほんの一回だけでもプレゼピオを作った人びとは――知っている。エルサレムから二マイル〔八キロメートル〕も離れていない、ベツレヘムの洞穴の中で生まれたのである。キリストを鼻息きで最初にあたためたのは、一頭の牛と一頭の小さいロバだった。最初に与えられた贈り物は、いずれも東方の三博士である、ガスパレからの金、メルキオルからの香、バルダザールからの没薬であった。しかしながら、福音書からはキリストが髪の毛は黒かったのかブロンドだったのか、背丈は高かったのか低かったのか、ひげはあったのかなかったかがまったく分からない。各人が好き勝手にキリストを想像したのであり、したがって、ブロンドで口ひげをはやし、青い目をしていた、とされたのだ。キリストの主要な活動は二つあった。ロゴス（神の言葉）を伝播させることと、困窮者たちを救うことである。盲人、聾唖者、跛行者、ハンセン病患者でキリストが生涯に治癒した人たちのすべてを列挙すれば厖大になるであろうし、おそらく不可能であろう。毎日——土曜日さえも——奇跡を実行しており、結果、モーセの掟の一つ「凡《すべ》て安息日《あんそくにち》〔第七日《なぬかめ》〕に働作《はたらき》をなす者は必ず殺さるべし(2)」を破ったことになる。こうして、イエスは土地の宗教的権威をことごとく敵に回してしまった。さらに、ますます危険をも顧ずに、死者たちをも復活させた。イエスが〔ベタニアの〕ラザロに向かって言った、「出で来れ」と言うと、ラザロはほんとうに立ち上がった。しかし、大祭司カヤパは「やり過ぎるときはやり過ぎだ！」と叫び、（尋問すべく集まったガリレアの議会）シネドリオンがイエスを殺すべきことをほのめかした。ローマのユダヤ総督ポンテオ・ピラトは、周知のように、イエスの両手を縛り、エルサレムから数歩の丘ゴルゴタの上で未知らぬ者二人と一緒に十字架にかけた。

ところで、キリスト教が一神教だということは疑いないとはいえ、かすかながら或る形の異教がなお民衆の心には、少なくとも私の生地では残存している。ローマ時代には、マルス、ミネルウァ、ウェヌスが、それぞれ戦争、文化、愛の直接の責任者だったのと同じように、今日でもナポリでは、サンタ・ルチーアは視力の保護者であり、サン・クリスピーノは靴屋の守護者であり、サン・マカーリオは菓子屋の、そしてサン・パスワーレ・バイロンヌは女性たちの守護者である。異教の聖者たちのうちでもっとも美しい働きをしているマカオンは放射線専門医たちの守護者である。マカオンが生まれたとき、父アスクレピオスはこの長男のために特別の贈り物をゼウスにお願いした、するとこのオリュンポスの王は彼に人体を開くことなく内部をのぞける力を授けたのである。だから、レントゲン写真（TAC）を撮ってもらう人はみな、彼に感謝すべきなのである。

マホメット

時系列では三番目にくるのがマホメットである。生まれたのはメッカで、五七〇年頃のことだ。当時、中東を支配していたのは、専制君主ヘラクリウス一世〔五七五頃－六四一、在位六一〇－六四一〕であって、この王はすべての臣下に絶対服従を欲したほかに、地上の神として崇拝されることを要求していた。とりわけ、王はイエスがはりつけにされたほんものの十字架——当時、ペルシャ人たちに奪われて、それから、戦利品としてエルサレムに持ち去られていた——を取り戻すことに成功する。宗教に関しては、ヘラクリウスは異教にわずかながら興味を示した。当時、ローマ人、アラブ人、および部族間で崇拝されていた神々は三六〇体もあったらしい。

だが、マホメットはこういうすべての神々に嫌気を覚えていたのであり、彼は唯一の強力な神を欲していた。かくして、モスレムたちの神アラーが創出されることとなる。マホメットは自らの教理が世界の半分に流布されようとは、とても想像しなかったであろう。実際には、ごく数年のうちに、中東から北アフリカ、スペイン、シチリア、さらに広大なオリエントへと、イスラム教は油の染《し》みのように拡散したのだった。

マホメットは六二二年、彼がもう五十歳になっていたとき、若干の友だちと一緒に、メディナへ移住したのであり、そして彼の言によると、アラーが神から人間へと、一語一語、『コーラン』全体を彼に口述したのだという。『コーラン』ほど成功した書物はなかったろう！　これほど普及を見たのは、おそらく、中味が簡単だったからであろう。だが、当時これを読んだ人はいなかった――このことは言わないで欲しいのだけれど――のだ（読める人は誰ひとり居なかった）。しかし、聴いた人はいたのであり、しかも端的な内容はすぐさま大衆の心をとらえたのだった。

（1）「出エジプト記」第三章。ヤハウェは実際にはJhwhと呼ばれるべきで、この名は四つのヘブル文字（子音）から成り、発音が不能なものである。しかし、われわれとしてはユダヤ人でないので、これをヤハウェと呼ぶことにしよう。

（2）「出エジプト記」第三十一章十五節〔聖書協會聯盟版、一一八ページ〕

第15章　聖フランチェスコ

宗教についての饒舌を結ぶ前に、聖フランチェスコの名を挙げないわけにはいかない。彼の人生観には、宗教以上の何かがある。おそらく、それは福音書の教えよりもパルメニデスの有に近いかも知れない。しかも、聖フランチェスコは正反対の二つの生涯を過ごしたのだった。つまり、二十四歳までの生涯と、二十四歳から死ぬまでの生涯とを。最初の、青年時代の生涯を、私は彼の父で、アッシジの織物商、高利貸しの、裕福なピエトロ・ベルナルドーネ氏に語らせることにしたい。

私の息子が［一一八二年に］生まれたとき、私はフランスのシャンパーニュの見本市に行っていた。その年、私は商売も至極順調だったし、気分は最高だった。アッシジのわが家に着いたとき、私の妻ピカは幼児を抱えて私を迎えた。「生まれたんだ、生まれたんだ！」と私は叫び、「ジョヴァンニと名付けた」。すぐには私は別段何も言わなかったのだが、洗礼の日がきたとき、私は彼の名を変えることにした。「儂はフランチェスコと呼ぶことにしたい」と妻に言うと、妻はすぐ反対して言うのだった、「どうしてフランチェスコに？　そんな名前を聞いたことがないわ」。それで私は妻をなだめて言った、「フランチェスコと呼ぼうよ。商売がうまくいった国フランスを想い出したいもんだからね。まあ、きっとこの名で縁起がよくなるだろうて！」だが、これは私の間違いだった。ああ、どれほど間違っていたことか！　当初はフランチェスコもほかのすべての子供たちに似ているかに見えた。陽気だったし、いつも遊びが好きだったし、唄を歌うのが気に入っていた。私は彼をサン・ジョルジョという小教会の老司祭のもとに通わせた。この司祭は少し耄碌していたが、その代わりに、私の息子を修道士にさせたりはしまいと思えたのだ。換言すると、私は息子があらゆる点で私に似て、騒々しく、有能な商人で、女漁りになることを望んでいた。この目的から、私は息子に、当時大流行していた武勲詩（chansons de geste）を歌うように教えた。でも何たることか、息子は必ずしも義務を履行したわけではなかった。ある日には、私がやったあり金をそっくり友だちのための宴会に供出してしまった。たとえ王子でも許されないほどの宴会に。息子は絹織り物でできた衣服をまとい、家の中に見つかるあらゆる首飾りや宝石を持ち出した。それから、ペルージアとの戦争に無理矢理参加したがり、結局、捕虜になった。一年後、私はペルージアの有力者と接触し、息子を取り戻そうとしたが、彼らは莫大な身代金を私に要求した。それでも信じてほしいのだが、私は何の異論も唱えずに、お金を取り出して支払った。息子は前にもまして陽気になった。要するに、普通だった。その後に起きたことといったら！　ある日のこと、息子は一人のハンセン病患者に出くわすと、普通人なら誰でも鈴の音で逃げるところなのに、馬から降りて、彼を抱いたのだ。さよう、彼を抱いたのだ！　それだけではない。別のときには、私の倉庫に忍び込み、廉価で売るために、棚の上にあった貴重な布地をすっかり持ち出し、そっくりサン・ダミアーノ教会の修復の支払いに当てたのだ。さて、みなさんだったら、私がどうすべきだと思います？　息子をどなりつける？　殴りつける？　私もそうしたし、むしろ、実を言うと、召使いたちに手伝ってもらって、息子を捕らえ、一〇回ほどベルトで殴りつけ、穴倉に閉じ込めて、水とパンしかくれてやらなかった。ところが、二日後、母親が仏心を出して、息子を解放してやったのだ！　私はそのとき司教のところに駆けつけたのだが、すると息子フランチェスコはまさしく司教の前で、着衣を全部脱ぎ去り、アッシジ街道のほうへ虫けらのように裸で立ち去ったのだ。幸い、野菜作り人がこれを目撃して、息子の肩の上に袋を投げ与えた。ところで、みなさんは信じられないかも知れないが、その日より、息子はその袋の中で生活しているのである。穴を三つ作った。一つは頭のため、二つは両腕のために。それだけではない。今日お布施を求めて歩き回っているのは、私の息子にほかならないのだ。

第二のそれは、最初とは一変した生涯である。このことは、彼の弟子たちのひとり、ガスパーレ・ダ・ペトリニャーノ修道士に語らせよう。

私が或る日フランチェスコを識ったのは、市場から戻るときのことだった。私は自分のしてきた生活に嫌気がさしていた。私は自問していたのだ、一年間私からなにがしかの金を借金している不良と午前中ずっとけんかして何の意味があるのか、人生は短いし、遅かれ早かれ主に報告しなければならなくなることは百も承知しているのに⁉　と。私はフランチェスコに出会い、ひどく魅せられた。もう真冬だというのに、彼はジュートの袋を着用しているではないか。私は見本市で売れなかった衣服を一着、彼に贈りたくなった。しかし彼は、私に感謝しつつも、それを受け取るのを拒んだ。彼が言うのには、彼に関心がある唯一の衣服は、心のそれだ、と。そこで私は彼をわが家に招き、一緒に食べ、一晩中起きたまま彼と一緒に話をした。彼の言うことがよく分からないながらも、聞き入った。私は初めて生きるという印象を得た。翌日、サン・ニコラ教会に一緒に行き、聖体を拝領した。彼に住みかはどこかと尋ねると、ポルツィウンコラという半ば壊れかけた小さな教会に私を連れて行った。あまり考えることもしないで、私もそこのポルツィウンコラで生活する決心をした。藁を摑み、一隅に藁ぶとんを用意した。身体を覆うために私はまだ身につけていた布地を用いた。あいにく、私はフランチェスコほどしたたかではない。肉体は弱く、寒気がする。今日、もう三人の仲間——ベルナルド、ピエトロ、エジーディオ——が加わった。そこで、祭壇の後ろに三人はみんな場所をつくった。ベルナルドも商人だった。だが、ピエトロは前日まで法律家だった。彼はものすごく勉強しており、蔵書も夥しかった。エジーディオは一番貧しくて、農民だった。読み書きもできなかったが、手を使うときには誰よりも器用だった。彼は雨が降るたびに、教会を水びたしにしていた天井の穴を閉ざした。私たちはフランチェスコに従っていて、生涯かつてこれほどの幸せを感じたことはなかった。私たちが選んだのは、謙遜、慈愛、服従、清貧、平静、忍耐、労働、喜びである。昨日、フランチェスコは一農民に語るのだった、「あんたの土地を全部耕さないでおくれ。雑草にも少し残してあげなさい、そうすれば花たちも姿を現わすだろうから」。私は覚えているのだが、ある日ローマへお伴をした。彼はインノケンティウス三世〔一一六〇－一二一六。在位一一九八－一二一六〕に会うつもりだった。法王にフランチェスコの規律を認めてもらいたかったのだが、守衛たちは私たちを入らせなかった。彼らは私たちを豚の番人と見なしたからだ。三カ月間、私たちはラテラーノの門の外でじっと待った。道端で眠った。フランチェスコは、私たちを受け入れないのを不思議がった。私はそうではなかった。彼よりは人間というものを知っていたからだ。私たちを入らせないのは、私たちの考えのせいではなくて、私たちの衣服のせいだった。ここローマで貧しさを見せつけるのは、法王にとっては「こんな豪奢な生活をするのがあんたには恥ずかしくないのか？」というに等しかったのだ。しつこく要求したおかげで、とうとう入れてもらえた。その前夜にはインノケンティウス三世はきっと悪夢を見たことだろう。フランチェスコのような服装をした小男が、両腕の力だけで、まさに壊れようとしていたラテラーノ大聖堂を立たせておくことに成功する夢を見たのだった。それで、法王は守衛たちに彼を連れてこさせ、そして例の規律を少しも反対せずに受け入れた。私がフランチェスコのおかげで作ったもっとも美しいもの、それはプレゼピオだった。私たちがリエーティ市のグレッチョ(1)にいたときのことだが、彼は私たちにベツレヘムと御子イエスの降誕のことを話した。クリスマスの日だった。フランチェスコは田舎に赴き、一頭の牛と一頭の小さなロバを貸してもらった。それから、数人の農民に羊飼いに変装することを頼み、彼らのうちの一人が妻である立派な女性と一緒にやって来た。すぐさま彼らをヨゼフとマリアと名付け、すぐさまその格好をした。要するに、私たちは生きたプレゼピオをつくったのだ。幼な子はいなかったが、信じ難いことながら、時計が真夜中の時を打ったとき、まさしくみんなは藁の上で幼な子が足をばたつかせているのを見たのである。どれほど私たちが幸せだったかは、語ることができないくらいだ。フランチェスコはとても小さな洞窟の中で眠っていたから、頭を奥の岩の上に乗せていたとき、両足のほとんどの部分は外に出ていた。ある日、グレッチョで一番の金持ちのジョヴァンニ

・ヴェリータが羽根の枕を彼に贈ろうとした。ところで、その夜だけ、フランチェスコはなかなか寝つけなかった。三年経ち、彼は苦労の果てに［一二二六年十月三日の午後］(2) 亡くなった。

そうこうするうち、フランチェスコ会士たちの数は増大していった。すでに列記した人びとのほかにも、修道士アンジェロ、修道士サバティーノ、小柄のモリコーネ、ひょろ長のフィリッポ、修道士ジョヴァンニ、修道士バルバロ、修道士シルヴェストロ、修道士レオーネ、修道士マッセーオ、修道士ジネープロ、そしてさらに気高い修道士エリアが存在した。エリアは聖フランチェスコの没後、アッシジ大聖堂を守ることになる。

その後、女性たちが続く。最初の女性はキアーラ・ディ・ファヴァローネで、貴族の裕福な家柄の出だった。まだ十七歳だったとき、クララ修道女たちの修道会——いわゆるフランシスコ会第二教団——を創設するため、家を逃げ出したのだった。翌年、第三教団——修道士にならずとも、質素で、自然な生活を送りたがった、思索家の教団——も生まれた。今日なら、自由意志による浮浪者と規定されよう。最後に、哲学者たちがやってくる。そのうちからは、聖ボナヴェントゥラ、ロジャー・ベイコン、ドゥンス・スコトゥス、ロバート・グローステスト、オッカムのウィリアムを挙げておこう。

さらに或る年、キウジの伯爵オルランドがフランチェスコにいわゆる〝ヴェルナの〟山を寄進するのであり、この一三〇〇メートルの高さの山の上で、この聖者は聖痕を授かることになる。信じようが信じまいが、そんなことはどうでもよい。実際に、彼には聖痕があったのである。だが、このことは身体的にも精神的にも、臨終や真の苦しみの始まりを刻印してもいた。聖フランチェスコは胃の具合が良くなかったため、健康状態が決して良好ではなかった。四十歳を越えてからはいっそう悪化した。体重はごく僅かとなり、ほぼ失明に近くなった。要するに〝姉の死神〟との出会いが近づいていたのだ。しかもそうこうするうち、悔い改めをやり過ぎる者と、逆にそれを見下す者との間で、嫉妬や羨望や対立のようなものが教団の中に存在していた。「君は真のフランシスコ会士じゃない！」「君は何も分かっちゃいない！」「君は自己顕示癖が強いだけだ！」、等々といった具合に。しかし、最終コメントはグレゴリウス九世〔一一七〇頃－一二四一。在位一二二七－一二四一〕に委ねたい。この法王はフランチェスコの没後二年に、早くも彼を聖人にしたのである。

親愛なる信者諸君、お願いがある。どうか私の立場になってくれたまえ。私はアッシジのフランチェスコなる者を聖人に指名するよう求められた。私は彼のことをもっと知ろうと努めたが、それは容易ではなかった。至福に浴した魂の持ち主という人もいれば、正気を逸した人物という人もいる。さて、どちらを信ずるべきか？　これは問題だ！　一般には、没したときから福者〔聖人に次ぐ地位〕に指名されるときまでは数年かかるし、私としても決まりには従いたい。しかし、このフランチェスコを賛美しに私のもとへやって来た人の数を、諸君は想像もできまい。イエスでさえ、彼が為したことはやってはおられまい！　私は彼の遺言をも読んでみた。その中には、ハンセン病患者との出会いについての話もそっくり出ていた。彼が言うには、この患者を抱いてから後は「以前苦いと思われたものがすべて、甘くなった」。でも本当なのか？　たしかに彼は二つの生涯を過ごした――相互に正反対のそれを。初めは浪費家でならず者だったし、ルクルス〔前一〇六－前五七。ローマの将軍〕のような祝宴を開き、酔っ払ったり姦淫したりしていたのだが、それから突如として、今度はこれ以上ない赤貧に苦しんでいる人びとを助けるために全時間を過ごしたのだ。シリアであれ、モロッコであれ、聖地であれ、どこにでも出かけた。聖地では第五回十字軍にも加わったが、もちろん決して戦うことはしなかった――言葉でイスラム教徒を改宗させようと試みただけだった。でも、彼は外国語を知らなかったのに、どうやったのか、と自問してみた。人びとの話では、彼は数々の奇跡を起こしたらしい。水をぶどう酒に変えたり、ある少年を生き返らせたり、中風病みを歩かせたり、何人もの盲人に視力を回復させたり、悪魔に取り憑かれた人びとを解放してやったりして。しかし、私がもっとも驚いたことは、動物たちと彼との関係だ。彼はヒバリと話をし、ヒバリは毎朝彼を起こし、彼は鳥たちに説教をし、ツバメを服従させたりしたと言われている。また、野兎や兎が彼の腕の中に避難したり、魚とおしゃべりしたり、羊に祈ることを教えたり、また狼に対しては、毎朝グッビオの住民たちが城壁の外にえさを用意しておく代わりに、森の中の動物たちをもうむさぼり食わないよう説得さえしたらしい。彼の墓の上ではいつも数々の奇跡が記録されている。ある日はバラで覆われ、翌日にはユリ、翌日にはヒナギクで覆われる、というように。ところで、私はどうすべきなのか？　諸君は私に言ってくれたまえ――彼は聖人なのか、それとも狂人なのか？

（1）読者諸賢には、グレッチョおよびサン・フランチェスコ大修道院を訪問することをお勧めする。ローマから約一〇〇キロメートルの素晴らしい所である。
（2）当時は晩課の後から新しい一日を算えたから、聖フランチェスコは十月四日が記念日とされている。

第16章　聖アンセルムス

哲学には、恐ろしい言葉、すべての高校生をおののかせる言葉、〝存在論〟がある。もちろん、存在論も元はと言えば、ギリシャ語の *ὄντος*「存在の」と *λογία*「研究」に由来する。したがって、〝存在論〟とは「存在（有）の研究」ということになる。

高校三年のとき、カセッティ先生は教室に入ってくるとき、これまで言われたうちでもっとも存在論的な句、「有はあるからあるのだ」ともったいぶって宣言するのが常だった。ときには、先生はこれを直接ギリシャ語で *ἐστί ὅτι ἐστί* と発音したし、われわれは全員立ち上がって、満足しながら先生に従って一斉に反復するのだった。これは「お早よう」とわれわれに言うようなものだったのだ。しかし、今は要点に触れることにしよう。アオスタの聖アンセルムスは中世存在論のもっとも偉大な宣伝者と見なされ得ようし、少なくとも、「有とは存在する限りのものである」ということを隣人に説得しようとした少数の人びとの一人と見なしてかまわないであろう。だが、哲学的聖者のうちでももっとも難解なこの人と対面する前に、私は私なりに、〝有〟とは何かを説明してみたい。

この問題が始まったのは、西暦紀元前五世紀中葉の頃だった。パルメニデスはもう白髪の六十五歳の紳士だったとき、お気に入りの弟子ゼノンと一緒にアテナイに赴いた。二人とも南イタリアの、正確にはバジリカータ州のエレーア出身だったのであり、アテナイの当局と或る協定を結ばなければならなかったのである。ところが、政治家たちと政治の話をするよりも、哲学者たちと哲学の話をする結果になったのであり、したがって、当時まだ二十五歳以下だったソクラテスとも話をすることとなった。当初は、この二人のイタリア人はまったく好印象を与えなかったらしい。すべてはピュトドロスの家で繰り広げられた。

「あの二人は誰なの？」とソクラテスは長椅子の隣りに座っている人に尋ねた、「汚い足のあの二人は？」

するとその人は答えた、「知りません。でも、人の話では、二人のうち年長のあのひげを生やした方は、これ以上ないくらい重要な、ある重要なことを語ったということです」。

別の者が割って入り、言うのだった、「私の知る限り、老人のほうはパルメニデス、若いほうはゼノンと言い、同じベッドで寝ており、二人とも南イタリアの出身です」。

すると、ソクラテスは年長者のほうに向かい直接話しかけた、「パルメニデスさん、あなたはたいそう重要な考えを述べたそうですね。私たちにもそれを話してくれませんか？　そうすれば、私たちもみんな一緒に議論できるでしょうし」。

パルメニデスが答えようとした瞬間、弟子が遮《さえぎ》った。

ゼノンは言うのだった、「私の師匠が話しても無駄です。あなたたちは理解できまいから」。

すると居合せた者たちは憤慨した。なんということを！　彼らはアテナイの哲学者であり、世界でもっとも聡明な人びとだったのに、この二人の南部人がおまけに汚い足をしていながら、無礼にも彼らの理解力を疑うとは！

しかしながら、ソクラテスはほかの人たちよりもいつも我慢強かったから、なおも言い続けるのだった、「お願いだから、パルメニデスさん、あなたの理解したことを言ってくださいよ。ひょっとして、あなたの考えに私たちがちょっとは貢献できないとも限らないから」。まさしくこのときにパルメニデスは、私見では、哲学史のきっかけになったあの有名な句、「有は存在し、非有は存在しない」を口にしたのであろう。

私は想い出す、オーディションのためにチネチッタ映画撮影所にやってきた美しい少女に、有と非有との違いを説明しなければならなくなった日のことを。

「お名前は？」と私は訊いた。

「パトリーツィア、二十歳です」、と彼女は答えた。

「で、きみは何をしたいの？」

「女優か、ヴェリーナ(1)の仕事をしたいです。」

「じゃ、きみが女優になりたいのは、有《エッセレ》のためなの、それとも非有《ノン・エッセレ》のためなの？」

「有《エッセレ》のためです。女優になるためです。」

「オーケー。じゃ、女優の有がどういうことで、女優の非有がどういうことかを説明してあげるよ。きみが女優をやり、有名となり、雑誌の表紙にきみの写真が載り、サインをしたり、テレヴィに客として出演したり、たくさんお金を稼いだりしたいのなら、いいかい、こういうことはすべて、女優の非有《ノン・エッセレ》、つまり、見せかけなのだよ。」

「じゃ、有《エッセレ》とは何ですか？」

「きみの目の前にいる人が笑ったり、感動したりするのに気づくとき、きみが内心に感じるもののことさ。だってね、そのときにきみは〝ほんとうに〟女優になったこと、つまり、きみのものではなくて作家のものだった情緒を、観衆という他人に伝達したことを悟るのだからね。しかもこの気持ちは世のあらゆる職業にも役立つだろうし、無職の人びとにも役立つだろうよ。」

「分かりました。でも、あの方は何をおっしゃったのですか？」

「あの方とは？」

「『所有か存在か？』[2]を書いた人です。今、お名前は思い出せませんが。」

さて、聖アンセルムスに戻るとしよう。第一の問題は、彼をどう呼ぶかということだ。イタリア人にとっては彼はアオスタの聖アンセルムスであり、フランス人にとってはベックの聖アンセルムスであり、英国人にとってはカンタベリーの聖アンセルムスなのだ。確かなことは、彼が一〇三三年にアオスタに生まれ、ベックで大修道院長となり、カンタベリーで大司教になったということである。私としては別に民族主義者になりたくはないが、出生地のほうがその他の居場所よりも重要だと確信するものである。もしも私の名前が歴史に残るようなことになれば、願わくば(utinam)、ローマまたはミラノのルチャーノやミラノのルチャーノとしてよりも、ナポリのルチャーノとして記憶されんことを望みたい。たとえ、ローマやミラノに長く住んでいたにせよ。

聖アンセルムスの父ガンドゥルゴ氏は、アオスタ州総督をしており、お金の力でみんなを支配するボスだった。息子が修道士になりたがっていると気づいたとき、ひどく立腹した。「お前を修道士なんぞにさせはしないぞ！」と息子に言うのだった、「私たちはここで護らねばならぬ伝統があるし、しかも管理しなくてはならぬ財産だってある。私の全財産を受け継ぐことになる長男が、ある日俗っぽい盲信家になるのを、とても我慢できはしない」。

しかし、召命は召命なのであり、それがあるときには、これを押さえつけるわけにはゆかない。アンセルムスはベネディクト修道会士たちから教育されていたし、彼の最大の憧れは古典の読書と神学研究に没頭できることにあった。父親から禁止されたため、彼は生命を危険に陥らせるほど病ませてしまった。その後、神のおかげで、元気を回復し、ある日、勇気を出して出家してしまう。神学校で有名な、ノルマンディーのベック大修道院に赴き、当地からまたカンタベリーへ移り、そこで大司教に選ばれた。彼が関係しなければならなかった諸王——ウィリアム赤顔王(3)とヘンリー一世——とのいさかいは有名だ。実際、彼がローマから戻ってくるとき、イングランドに上陸するのを幾度も阻止されたのである。法王に訴えて、丁重に扱われるようにしてもらうことができたのだった。

聖アンセルムスは八冊の本を書いた。自己自身との対話『モノロギオン』、他者たちとの対話『プロスロギオン』、そしてさまざまな人間性の問題についての六篇の対話——わけても、『自由意志』と『悪魔の堕落』——がそれだ。実際にはいずれもが数ページのものだったが、哲学的直観に富んでいた。彼もエリウゲナと同様、的はずれな出発をしていた。第一の対話では、彼は「信ずるために理解する」(intelligo ut credam) と書いておきながら、その後、『プロスロギオン』の中ではもう自ら訂正し、「理解するために信ずる」(credo ut intelligam) を百パーセント支持すると言明したのである。たしかに、信仰から出発すれば神の存在に到達できるのだが、他方、逆の途は実際上、不可能である。換言すると、人は信仰を自らに強いることはできない――ちょうど「勇気を自らに奮い立たすことができない」のと同じように、「明日の朝から神を信ずる決心をした」、と自分自身に言い聞かせることはできない。タバコを止めることでさえ困難なのに、疑うことをどうして止められようか。

以上のことを認めた上で、聖アンセルムスがどうやって神を信ずることに成功するのかを検討してみよう。彼は『プロスロギオン』の中で、文字通りこう述べている。「世界に存在するすべてのもののうちには、他のものより大きいものが必ず存在する。たとえば、植物は動物より劣るし、動物は人間よりも劣るし、人間は自分を創造した方よりも劣るし、人間を創造した方はわれわれに考えられる最も完璧なものである〔《もっとも完璧な》という言い方が正しいものと仮定しての話だが〕。ところで、それぞれのものは今度は必要条件の集合から成り立っており、しかもこれら必要条件の一つがまさしく存在である以上、もっとも重要な必要条件(つまり、存在するということ)が欠けていれば、このものが《もっとも完璧》であることがどうしてできよう? 故に(Ergo)神は存在するのである」。これだけではない。ほかの機会には、彼はこう書いている――「世界に存在する最高の考えは、存在しないとは考えられ得ない」。

おそらく、彼がこう言ったとしたら、はるかに説得的だったであろう――「私には神が存在する、それだけだ」、と。初めにこう言っておけば、後に起きるようなさまざまな批判を浴びることもなかったであろう。聖トマスのドメニコ会士たち、聖ボナヴェントゥラのフランシスコ会士たち、数々の哲学者グループ——なかでも、デカルト、スピノザ、ライプニッツ、ヒューム、ロック、カント——からの批判を。とくにカントは、聖アンセルムスの論証が存在論的ではなくて、同語反復的だ、と批判することになる。[4]その後、彼は、神は存在するのではなくて、存在する〝かも知れない〟と正確を期したのだった。マルムーティエの修道僧ガウニロ〔一〇八三年没〕にも触れないわけにはゆかない。彼は『道理なき人の名において答えうること』の中で、ある事物が存在するからとの理由でこのものを考えるのは十分でないし、愚者だけが聖アンセルムスのわなに陥るかも知れない、と明瞭かつ率直に書いた。ガウニロは言っている、「私は大洋の真ん中の、湖や小川で一杯の美しい島にいて、美女の群れがシュロの枝で私に風を送ってくれるありさまを想像できるが、しかしだからと言って、この島も少女たちも実際には存在しないであろう」。すると聖アンセルムスはすぐさま答える、「島と神とは別のものである。島はどんなに美しく想像できるにしても、世界でもっとも大切なものでは決してないであろう。しかし逆に、神はそうなのだ」。これに対してガウニロが言い返す、「推論だけでは神の存在は決して証明されないであろう。信仰だけはそれができるのであり、しかも信仰は周知のとおり、推論しないのである」。

だが八〇〇年後、英国の哲学者フランシス・ハーバート・ブラッドリ〔一八四六—一九二四〕〔絶対的観念論を唱える〕は聖アンセルムスの側に立って言った、「すべて可能であるものは存在する」、と。この句をもっと簡単な言葉に翻訳すると、こういう意味になる——「もしわれわれが或るものを考え得るとしたなら、このものは存在するはずである」。要するに、どんなにこすりとっても、洞窟の神話が再現するのだ。つまり、私たちが壁の上に映っているのを見る映像は、私たちの背後を歩いているイデアの影に過ぎないのだ。しかし、同時に、影を見るということはすでに、私たちの背後を歩む何か、つまり、イデアが存在することの証明なのである。ただし、プラトンが洞窟を説明するときのほうが、聖アンセルムスよりははるかに分かりやすい。

最後に、私に関してはと言えば、私は断然ガウニロの側だ。信仰だけが神を信じさせることができるのであり、この理由から、私は信仰をもつ人びとすべてが羨ましい。彼らは私よりもましな生涯を送るし、晩年をより泰然と過ごすし、日に三、四回次のようなことを自問したりはしない。

「でも、存在するのか、それとも存在しないのか？」
「死後何かが存在するのだろうか、それとも何も存在しないのだろうか？」
「もし無しかないとしたら？」
「無とは何か？」

聖アンセルムスが論じたもう一つの主題は普遍概念だった。これについてはアヴィケンナ〔イブン・シーナー〕の章ですでに述べておいた。実を言うと、アンセルムスを研究してもほとんど進歩はしないであろう。実のところ、中世の哲学者たちはみな、大なり小なり、神の存在を証明するためにこの主題を利用している。彼らに言わせると、変化のうちに何か変わらないものが垣間見えるとしたら、それは不変なるものが存在するということを意味するのである。

とはいえ、私としては諸賢に忠告しておいたことだが、これより以後、みなさんは普遍概念に苦しめられることだろう。普遍概念は断じて不可解なわけではないが、とても面倒な代物なのである。

(1) 〝ヴェリーナ〟(velina)とは、テレヴィのアシスタントのことである。
(2) Erich Fromm, *Avere o essere?* (Mondadori, Milano, 1986).
(3) ウィリアム・ルフスのこと。征服王ウィリアムの二男で、財産分与でイギリスを与えられた。(訳注)
(4) 同語反復的とは、前提の中ですでに述べた概念を言い表わす、あたりまえの話し方のことであって、テレヴィ番組「夜の人びと」(Quelli della notte)におけるマスク・カタラーノのコメントみたいなものを指す。

第17章　十字軍

十字軍が派遣されたのは、その場所で偉大な予言者たちがすべて、生まれ、生き、死んだことによる。関係している三宗教の代表者たち――ユダヤ教のダヴィデ、キリスト教のイエス、イスラム教のマホメット――は、地理的に言えば、あまり空想がなかった。彼らはエルサレムからそれほど離れていなかったのだ。ここから、この都と周囲の地域全体が聖地と規定されることになる。実を言うと、エルサレムは場所としてはたいしたことはなかった。ユダヤ〔死海西岸〕の荒野からほど近くに位置しており、これでは不十分であるかのように、農業も鉱物資源も海も湖も、その他美しい自然も欠如しているのだ。気候のことなら、ご想像にお任せする！　ギリシャの地理学者ストラボンは正当にも、ここを記述して、いかなる国家も決して一身を投げうったりはしないような場所だと書いている。ローマにはいつも七つの丘がある――いずれも他に劣らず美しい――のに対して、エルサレムには二つ――ケドロンとシオン（〝シオニズム〟の語源になった）――しかない。しかも二つの丘の間には谷があるのだが、そこはごみで埋まっているため、とてももう谷には見えない。それでもみんながこの地を欲し、みんなが熱望し、そこを〝約束の地〟と見なしている。歴史の過程で、そこはエジプト人、アラブ人、北イスラエル人、さらに南イスラエル人、その後はアッシリア人、バビロニア人、最後に古代ローマ人によって征服された。ポンペイウス〔前一〇六―前四八〕はそこを西暦紀元前六三年に、東方諸属州の首都と名づけた。

ともかく、中世では少なくとも至福千年までは、聖地への巡礼が流行したのである。（簡単な言い方をすると）これは天国に或る場所を予約するためのもっとも容易なやり方だった。時系列で最初の巡礼者は、コンスタンティヌス大帝の母ヘレナだった。この婦人はベツレヘムの洞穴、ゲッセマネの園、オリヴ山《やま》、そしてイエスの昇天の地点を訪れて感動したのである。その後、息子は母親を満足させようとして、イエスが葬られたとされる場所に聖墳墓――キリスト教界全体で最重要な教会――を建造した。この時代には、何千人もの信者が彼女を見習って、陸路や海路を問わず――とりわけ、陸路から――パレスティナへ出かけた。五世紀には個人や団体を合わせて、巡礼者の数は最高に達したのであり、やはりこの時代に、ビザンティンの皇后エウドキアはエルサレムを第二の都に選び、世間の耳目を集める聖遺物の収集を開始する。聖ルカが彫った聖母マリアの彫像のほか、数々の聖なる品物を手に入れようと努力した。この企ては大成功を収めたし、この日以後、収集にはもはや限度がなかった。各人が聖地から、信仰と関係のある記念品を持ち帰った。たとえば、聖マメットの指、洗礼者ヨハネの親指、聖パウロの一房の毛髪、十字架の木片、イエスを刺し通した釘の一本、キリストの血を入れた容器、等々。これら聖遺物が本物であれ偽物であれ、それらのそれぞれの周囲には、ヨーロッパのあちこちで、教会や至聖所が建てられた。要するに、イスラム教徒が侵入に気づき、巡礼者たちを迫害し始めるまでは、万事はうまく運んでいたのだ。イスラム教徒からは、彼らは〝不信心者〟と呼ばれるのが常だった。

最終結果はと言えば、あるときは山賊のせいで、また或るときはアラブ人たちのせいで、無事に聖墳墓に到着することができるとは限らなかった。そこで或る人が、自らの政治的権威を増大させるため、いわゆる〝十字軍〟なる、武装した男たちの派遣を、つまり、すべての参加者の生命を守るに十分な数の騎士団を組織し始めたのである。ただし、この種の遠征隊を企てることは、容易なことでなかった。頑丈な若者たち、甲、盾、武器、とりわけ馬が必要だった。参加者たちが十字軍と呼ばれたわけは、彼らが上に大きな赤い十字を描いた上着、マント、盾を身につけていたからである。

十字軍全体を物語るとなれば、まる一冊、たぶん数冊が必要となろう。しかし、われわれはここではできる範囲で、中世盛期には宗教と政治との間で或る企てがどれくらい熟考され得たのかを、読者諸賢に分かってもらうことだけを目的としたい。したがって、八回の主要な十字軍を、主たる資料や主だった活動者たちとともに、順次列記することにしよう。

第一次十字軍（一〇九六―九九）発起人は法王ウルバヌス二世とペトルス・ダミアニ（別名隠者）。後者は狂っていた。彼は裸足でロバに乗り、肉食はしないでぶどう酒しか飲まなかった。国々の街道を通り過ぎるとき、のども破れんばかりに大声でどなるのだった――「みんな聖地へ！ みんな聖地へ行って、みんな聖者になりたまえ！」民衆は彼に続いた、歩いたり、馬に乗ったりして。この第一回十字軍の主人公の一人は、ゴドフロア・ド・ブイヨン〔一〇六〇頃―一一〇〇〕だった。彼はロレーヌ低地の伯爵だったが、レーゲンスブルクから出発し、オーストリア、ハンガリー、ルーマニア、ブルガリアを経て、一〇九九年にはエルサレムに到達した。旅の途中、彼は不幸にも出くわした人びとや、キリスト教に改宗するのを拒んだ者、つまり、イスラム教徒、ユダヤ教徒、はては、言語のせいで分かってもらえなかった若干の東方キリスト教徒さえも、ことごとく殺害した。この企ては、エルサレムの占領をもって終了した。実際上は、一大虐殺だった。三日以内に二万人以上が惨殺されたのであり、すべてはイエス、つまり、千年ほど前に「隣人を汝自身のごとく愛せよ」と言っていた人物の名においてなされたのである。

第二次十字軍（一一四七－四九）　発起人は法王エウゲニウス三世とクレルヴォー（明朗な谷）のベルナール。皇帝コッラード三世とフランス王ルイ七世（若年王）もいた。イスラム教徒たちを打ち負かしたいという欲求は大なるものがあったのだが、西欧の先祖の中で最悪の印象を与える結果に終わった。ダマスカスの城壁に攻撃を加えて失敗したからだ。逃亡も破滅的だった。トルコの騎兵が十字軍を追い詰め、毒矢でねらい射ちしたからだ。帰路は死体や馬の骸骨で覆われたのだった。

第三次十字軍（一一八九－九二）　少なくともキャストのせいで、私がもっとも好きなものである。ドイツの皇帝赤髯王フリードリヒ一世〔一一二〇頃－一一九〇〕（彼は十字軍参加の一年後川の中で溺死した）、イングランドの獅子心王リチャード一世〔一一五九－一一九九〕フランスの尊厳王フィリップ二世〔一一六五－一二二三〕がいたのだ。対する敵は、イスラム教徒のためにエルサレムを再征服したユースフ・イブン・アッユーブ・サラーフ＝アッディン、別名サラディン一世〔一一三八－一一九三〕だった。この十字軍は一つの協定（つまり、キリスト教徒は好きなときに好きなように聖地を訪問してよいが、ここを見物したり、祈ったりして二四時間以内に立ち去るだけに留める、との条件付き）をもって、戦闘の八年後に終結した。

第四次十字軍（一二〇二―〇四）　発起人は法王インノケンティウス三世〔一一六一頃―一二一六。ローマ法王（一一九八―一二一六）〕で、ヴェネツィア人たちが強く後押し、統領《ドージェ》エンリコ・ダンドロが軍隊の装備を整えた。これは十字軍というよりも、殲滅戦争だったのであり、十字軍士たちは聖地へ向かうよりも、利益の確実な所へ逸れて、コンスタンティノープルや、彼らの通過地点にあったすべての都市から略奪したのである。何千名ものビザンティン人を殺害し、フランドル伯ボードゥアン一世〔一一七一―一二〇六〕をトップとする東ラテン帝国を創建した。

第五次十字軍（一二一七―一二二一）　法王ホノリウス三世〔?―一二二七。在位一二一六―一二二七〕が発起人となり、ハンガリー王アンドレアス二世とブリエンヌ家のジャン〔一一四八頃―一二三七。エルサレム王（一二一〇―一二二五）、ラテン帝国皇帝（一二三一―一二三七）〕が指揮した。今回は攻撃は南から、正確には、エジプトから始まった。しかし、聖地に到着したとき、十字軍士たちは人数が少ないため、逃亡することを余儀なくされた。特記すべきは、アッシジの聖フランチェスコが、もちろん無防備で、異常にも参加していたことだ。

第六次十字軍（一二二八―一二二九）　当時、法王グレゴリウス九世〔一一七〇頃―一二四一。在位一二二七―一二四一〕から破門された神聖ローマ皇帝フリードリヒ二世〔一一九四―一二五〇。神聖ローマ皇帝（一二二〇―一二五〇）〕により組織された。この十字軍は史上、死者や負傷者がもっとも少なかった。少なくとも当初は、戦場でというよりも交渉のテーブルでという形で展開した。皇帝は（支払いの上で?）エルサレム、ベツレヘム、ナザレを入手することに成功し、聖地エルサレム王に自ら即位した。それから、約一〇年間の停戦の後、ガザで敗北し、ヨーロッパに引き返さねばならなかった。ある人びとによれば、この十字軍は前回のそれの続きと見なされている。

第七次十字軍（一二四八－五四）やはりこの十字軍もエジプトから出発していた。命令したのは法王イノケンティウス四世（一一九五－一二五四。在位一二四三－一二五四）であり、指揮したのはルイ九世（一二一四／一二一五－一二七〇。フランス王在位一二二六－一二七〇）だった。最悪の結果に終わった。ルイ王自身が捕虜となったのであり、自由を回復するために、巨額の身代金をイスラム教徒たちに支払わざるを得なかったほかに、占領していたすべての領土を返還しなければならなかったのである。

第八次十字軍（一二七〇）ルイ九世の二回目の試みだったが、これまた無駄に終わった。王は前回の十字軍の仕返しをしたくて、強大な軍隊を率いてチュニジアに赴いた。しかし、まだ上陸する前に、ペストに罹《かか》ってしまったのだ。王は一週間後に亡くなり、十字軍は解体した。その代わり、彼は後世の人びとのために、聖人（聖王）の地位を獲得したのだった。

結び。八次の十字軍、八度の大量殺人、しかも使命はたった一つ〝信仰〟だったのだ。人類にもっとも悲哀をもたらした史実を分析してみて気づくことは、頂上に命令者としていつも宗教のトップがいたことである。ことトップがダヴィデであれ、ウルバヌス二世であれ、ビン・ラーディンであれ、結果は変わらない。

しかしながら、この時点で私は聖戦に関する話をいささか引き延ばして、サルタンのユースフ・イブン・アッユーブ・サラーフ＝アッディン（別名、凶暴なサラディンとして知られる）のことをもっと記述しなくてならない。この恐ろしい人物が、よく考えてみるに、一九三〇年代末頃の私の幼年時代のかなりの部分を占めたことになる。

当時、チョコレート会社ペルジーナが、「四銃士」と題する幸せなラジオ番組の後で、カード・コンクールを提供して、異常な成功を収めていた。イタリアではこんな話しかなかったのだ。ニッツァとモルベッリによる小説の中の作中人物全員のカードを集める、というものだった。偶然（かわざと）からか、すべての押し絵カードは同じ数だけ印刷されなかったから、幾枚かのカードはすぐさま見つからないようになってしまった。そこで、相場が異なるようになり、売買交渉がなされるようになったのである。

ナポリはマルティーリ広場の、ペルジーナ商店の前に、コレクター集団がみんなこの稀なカードを求めて群がっていた。当時、私は十歳に過ぎなかったのだが、父親の手袋店がこのペルジーナ店の隣だったのだ。この近さのせいで、私は見つからないカードを交換する一種のエージェントになった。凶暴なサラディン以外に、私は壮麗なスレイマン〔一世〕、北京の小犬、ラムセス〔ラ・メス〕の娘たちを専門とした。これらを入手したい人は当方と交渉しなければならなかった。しかもしばしば好意的に、ペルジーナの店員たちは私に貴重なカードをくれたりしていた。このコンクールはその後、たいそう流行するようになったため、イタリア・ラジオ放送局（現在のＲＡＩ）は日曜の昼食後のサッカー試合の番組を変更して、もっとも人気のあった人びとの歌謡曲をラジオで流さざるを得なくなった。わけても私が憶えているのは、ルイ王の歌だ。

Sta Luigi re di Francia
con tre pulci sulla pancia:
una salta e l'altra vola,
l'altra spara la pistola.

フランス王ルイは
お腹に三匹のノミがいた。
一匹が跳ぶともう一匹が飛び上がる。
もう一匹はピストルを発射する。

さらには、銃士アラミスの立場から今は亡き名歌手ヌンツィオ・フィローガモが歌っていたのは、こういう歌詞だった。

O Saladino, col fez e lo spadino,
gran saracino sei stato tu.
Provocate hai tu quelle crociate
che abbiamo studiate in gioventù.

おお、サラディンよ、汝は
トルコ帽と短剣を身に帯た大サラセン人だった。
汝が挑発した十字軍は
われらが青春時代に勉強したものだ。

この凶暴なサラディンのカードから、一〇〇リラ以上（今日の約三〇万リラ）が手に入ったのである（カンツォーネ「月収千リラがあったなら」*Se potessi avere mille lire al mese* が当時流行していた）。アルバム一五〇冊が完成すれば、フィアット社の車トポリーノ一台だって買えたのだ。それで私は試みたのだが、どうしても三冊のアルバム以上には進むことができなかったのである。

第18章　魔女たち

中世の女性はどのような状態にあったのか？　悪かった、いやとても悪かったし、ターリバン支配下のアフガン女性たちよりも少しばかりひどかった、と言っておく。彼女らは外出できなかった。見知らぬ人びとと話してはいけなかったし、通学も、重要な地位に就くこともできなかった。（ところで、私の母親でさえ、より現代に近い時代に生きた、つまり、二十世紀前半に生きたし、女性としては〝立派〟と見なされる家族に属していながら、小学三年以上は行かなかったのである。）男性だけが上級の学校へ通えたのだ。女性は家でおとなしくして、じっと居残り、誰か（できれば金持ち）からお嫁に迎えてもらえるのを待たねばならなかった。ほとんどいつも、当の女性に選択権はなかったのであり、両親とか仲人にそれは握られていた。他方、戸外に鼻も出せなかったのに、どうして未来の夫を自分で選べたであろうか？

中世の女性で、醜女の場合、ベッドから台所、もしくは台所からベッドが、彼女の行動範囲だった。逆に、美女の場合には、ハーレムに監禁されたであろう。

ああ、ペリクレスの時代だったなら、もっとましな生活ができたろうに。説明するために、エピソードを一つ。ソクラテスの生きた最期の日のことだ。この大哲学者は牢獄の中で、弟子たちに取り囲まれている。そのとき、彼の妻クサンティッペが姿を現わす。

「ソクラテス」、と夫人はかわいそうにも夫を抱きながら言う、「これがあんたと会える最後だわ！あんたは無実なのに死んでゆくのよ」。

するとソクラテスは返事をする代わりに、クリトンのほうを向いて言う、「どうかこの女を連れ出してくれたまえ。さもないと、ここの俺たちに喋らせてくれないから」。


中世の女性は原罪の生きた象徴と見なされていた。テルトゥリアヌス〔一七〇頃（?）キリスト教護教論者〕に言わせると、「悪魔の扉」だったのだ。評価の分類では、第一位は処女、第二位は未亡人、第三位は既婚女性、と見なされた。その後、至福千年の頃には、魅力的な女性を追放するのに何も必要としなかった。彼女が悪魔と性交渉したとの噂を流すだけで、かわいそうにその美女はもはやこれまで、つまり〝火あぶり〟にされた。彼女は然るべき拷問にかけられて、悪魔と為したことをすべて事細かに喋らされてから、火あぶりの刑に処されるのだった。この種のシーンは、『第七の封印』と題するイングマール・バーグマンの名画で見ることができる。マクス・フォン・シドウの演ずる十字軍士は、いわゆる魔女に近づき、ほんとうにサタンと関係を持ったのかどうかと尋ねる。すると、彼女は先立つ拷問でひびの入った手首で十字架につながれたまま「はい」とか細い声で答える。もう拒否する力すらなくしているからだ。その後は、火あぶりとなる。

善人シャルルの語るところによると、「ある日ティエリ伯がリールの通りで出くわした女性から、背中に水しぶきをかけられた。さて、信じがたいことながら、その日から、その哀れな伯爵は胃を病んで、食べてもすぐに吐き出すほどになってしまった。そこで、伯爵は私の騎士たちにその魔女を突き止め、手足を縛り、生きたまま焼くように命じた」。これは善人シャルルの話だったのだが、もし彼が悪人だったとしたら、どうなっていたことだろう！

もっとも多くの女性が火あぶりにされたのは、十三、十四世紀、つまり、異端裁判所が指揮していた時代だった。最初の魔女がトゥルーズで火あぶりにされたのは、一二四四年である。十四世紀はボヘミア人の聖女ヴィルヘルマの体刑が有名である。最大のとがは魔女の安息日《サッバ》に参加したということにあった。だが、サッバとはいったい何だったのか？　簡単に言うと、まず第一に、箒にまたがって飛びながら到着する。それから、想像しうる限りもっともみだらな晩餐会に参加し、そして最後に、大がかりな乱交が行われる——つまり、魔女、悪魔、大猿、二個の巨大ペニスをもった怪物犬、狼、ロバ、等が加わって。テルシッラ・ガット・チャヌは次のように描述している。

> サッバに参加したのは、あらゆるタイプ、年齢、階級の男女、とりわけ、生活に不満な人びと、つまり、独身女性、未亡人、オールドミス、娼婦である。〝魔女〟(streghe) の名称は、オウィディウス由来の夜の大蝙蝠 (strix) ——待ち伏せと恐怖に満ちた闇の世界のシンボル——からきている。事件展開は決まった筋書きに従っていた。すなわち、箒または木片にまたがっての到着、悪魔へのあいさつ、逆さまの洗礼、晩餐会、踊り、そして最後に、朝まで続く果てしない乱痴気騒ぎ、に至るのだった。(1)

もっとも重い科《とが》の内には、サタンにあいさつを行ったというものがあった。つまり、サタンの肛門に接吻し、キリスト教徒の血を吸い、新生児の柔かい肉を食べた、という科《とが》である。もちろん、これらはみなでっち上げだったのだが、不幸なかわいそうな女性を火あぶりに送るのにはまったく十分だった。

不幸なかわいそうな女性たちが魔女だということを示す大きな証明は、ある国では、〝浮揚の試練〟でなされていた。被疑者の女性が文字通り、川の中へ投げ込まれ、もし沈まなかったならば魔女だということを意味していたのである。しかも当時は、多くの女性は長くて重い衣服の下に、さまざまな下着、スリップ、コルセット、パンツを着用しており、したがって、衣類が水上に浮き輪みたいなものを形づくり、彼女らが危機を脱する確率もかなり高かった……であろう。

女性が劣った存在から、男性と等しい人間に移行するのは、一九六八年のことである。われわれが女性史を語るたびにはっきりさせなくてはならないことは、これにかかわる事柄が、こと女性の年の始まりの前に起きたのか、後に起きたのか、という点である。たとえば、私の妹クララは三十歳の結婚式の日まで、独りで外出したことが一度もなかった。かつて彼女が砂糖菓子の入れ物(2)を買うために婚約者と一緒に私も同伴することを言い張って、母親とけんかしたことを、私は思い出す。「エレヴェーターの中でも、決して二人だけにしないようにね」、と母は私に命じるのだった。「でも、二人は一週間後には結婚するんじゃないの！」と私が言い返した。「そう」、とうなずきながらも、母は言うのだった、「でも、分かりはしない。人びとが二人だけのところを見たら、どう思う？」断っておくが、これは中世ではなくて、一九五三年のナポリでの話なのだ。

ともかく、女性が劣った存在だということは、何も下層民だけが考えていたのではなくて、インテリたちもそう考えていたのである。一人の名前を挙げると、アベラルドゥス〔アベラール〕は、聖書で主はわが像に似せて人を創造した(3)、とある個所を説明しようとして、像《かたち》は男を、相似は女性を指すはずだ、と精密化している。また、聖トマスは『対異徒大全』(*Summa contra gentiles*)の中で、女性の魂は第二級の性質をもつ魂であり、実際上、小さな魂だ、とはっきり記している。それでも、アベラルドゥス〔アベラール〕もトマスも二人とも例外的なレヴェルのインテリだったのである。

こういう偏見の残滓《ざんし》が、私の同郷の幾人かのナポリ人の心のうちには今なお認められる。たとえば、ナポリで或るドライヴァーが、先行の女性の運転する車が方向指示器も点滅させずに急カーヴを切るのを見ると、大声で「女め！」(È 'na femmena!) と叫ばずにはおれないだろう。

(1) Tersilla Gatto Chanu, *Le streghe* (Newton & Compton, Roma), 2001, p. 11.
(2) ボンボン入れ。結婚式の参列者への贈り物。結婚式の前に贈ることもある。(訳注)
(3) 「神言給《いひたまひ》けるは我儕《われら》に象《かたどり》て我儕の象《かたち》の如くに我儕人《ひと》を造り……神其象《かたち》の如くに人を創造《つくり》たまへり」(「創世記」第一章二六－二七節)。

第19章　アベラルドゥス（アベラール）

もしも私が煉獄に落ちぶれて、誰か弁護士を必要とすることになったとしたら、疑いなく、ペトルス・アベラルドゥス（ピエール・アベラール）を選ぶだろうし、そうしたら、きっと天国へすぐ脱出できるであろう。言葉遣いにおいては、アベラルドゥスよりも説得力があり、かつ有能な人はこの世に居なかったし、今後とも存在しないであろう。

紀元千年の恐怖は少し前に過ぎ去っており、みんなはお互いに出会ったり、話したり、生きていると実感したり、ひょっとして口論したりするために頑張っていた。口論に関しては、アベラルドゥスにはライヴァルがいなかった。彼は若い頃、二つの学校に通ったのだが、二回とも、数カ月のうちに放校処分になったのである。それぞれの学校の有名な教師、コンピエーニュのロスケリヌス〔一一二〇年没〕とシャンポーのギヨーム〔一一二一年没〕が彼を追いはらったのは、ほかでもなく、彼らが授業を始めるたびに、彼が立ち上がって、彼らに反駁していたし、しかも最悪だったことに、彼がいつも正しく、級友たちの拍手喝采を浴びたからだった。概して、話題はほとんどいつも普遍概念だったのだが、しかし実際には、アベラルドゥスにとって真に重要だったこと、それは、弁証法の決闘に勝つことができるということだった。彼は誰か他人が面前で、不正確なことを言わしておくことに我慢できなかったのであり、あるときはいろいろ口論したり、あるときは懸命になったりしたから、最後には、周囲の人びとは彼に賛同するのだった。

ペトルス・アベラルドゥスにあっては、弁証法と神秘主義との対照が少なくとも表面上は、識別できる。それというのも、彼は神学の諸原理を肯定するためにだけ、弁証法を用いていたからだ。彼に言わせると、真に重要なのは、三つの神性、つまり、父（力）、御子（知）、および聖霊（徳）なのである。その他のことに関しては、彼は普遍概念の話に興じていた。彼はそうせざるを得なかったであろう。当時、ほかのことを話題にすることはできなかったからである。だが、彼がそれを話題にしたのは、神の存在の証拠として、外見ではいろいろ異なっていても、一つの共通点が存在することをただ証明するためだけだったのだ。普遍概念に関して、彼はみんなと――彼の師匠たち（ロスケリヌスやギヨーム）とさえ――論駁することに成功した。ロスケリヌスにとっては、普遍概念は存在せず、たんに声の風（flatus vocis）に過ぎなかった。逆に、ギヨームにとっては、普遍概念はもちろん存在していたのだ！　彼に言わせると、何と神の頭の中に収められているのだ、と。この時点でアベラルドゥスが進み出て、第三の地位を見いだすことができたのだった。アベラルドゥスは、普遍概念は〝声〟でも、〝物〟でもなくて、それは可変的なもののうちに不変的なものがあることを把握しうる人間の心の力に過ぎない、と言ったのだ。言わば、人間が普遍概念を個別化して持っているのであり、さまざまな事物がそれら概念を内に持っているのではない、というようなものである。著書『然りと否』（*Sic et non*）の中で、彼は文字通り、こう書いている――「普遍者は実在たり得ない。実在は他の実在の賓辞たり得ないのだから」、と。

アベラルドゥスは多くの人びと、とりわけ、シトー派修道会の創設者クレルヴォーのベルナールにとって、邪魔物だった。このレヴェルの修道士にとっては、アベラルドゥスのような自由な思想家は迷惑をかけるだけだったのだ。あまりに知的だったし、自己表現の仕方があまりに闊達だったし、ずばり言えば、彼のような人にしてさえあまりに放蕩過ぎたのだ。いくつかのエピソードを隠そうとしても難しい。遅かれ早かれ、人の知るところとなろうし、おまけに、アベラルドゥスの行動基準そのものが、ベルナールの神秘主義とぶつかったのである。簡単に言うと、アベラルドゥスの行動基準は、善と悪とが別個の二つの価値ではなくて、二つの存在様式に過ぎず、そこでは行動よりも意図のほうがはるかに重要なのだ、との信念にあった。その理由というのは、ただ神だけがわれわれのもろもろの意図を知っており、神だけがわれわれを或る日審判することができるということにある。こういうのは、聖アウグスティヌスの有名な言葉「清い心で愛せ、そしてそれからは好きなことをせよ」とあまり隔たりのない、罪に対しての観方なのだ。

アベラルドゥスが有名になったのは、その哲学原理というよりも、私的な出来事のせいである。彼の生涯を今日物語るのはかなり容易である。それというのも、ほかでもなく彼自身が或る友に宛てた『わが不幸の話』(*Historia calamitatum mearum*)と題する長い手紙の中で、誕生日から、修道士になり、彼の資質に嫉妬したほかのあらゆる僧侶から虐殺されそうな危ない目に遭った日までの、出来事をそっくり書き記したからである。以下、特筆すべきスクラップをいくつか示しておこう。

私が生まれたのは、ブルターニュ地方の高地にある、パレという、ナントから約八マイル東に隔たった田舎です。この出身地が私に文学への趣味を伝えてくれたし、また私の父は軍人の生活につく前に、たいそう勉強していたのです。それで、私に対してはこう決めたのです。私は長男だったし、父のお気に入りでしたから、私を軍人にはさせないで、私に弁証法を教えたのです。

私は立派な逍遥学派の教師となり、地方を回った後で、パリに到着し、シャンポーのギヨームの学校に通うことになったのです[1]。

そして、ここで問題が始まるのだ。当初はシャンポーのギヨーム先生は彼を熱烈に迎えたのだが、それから、生徒たちの眼前で論駁されたため、彼を無礼にも追い出すのだ。けれども、アベラルドゥスは少しも気落ちしなかった。パリから五〇キロメートル離れたメランに、私立校を開設し、こう宣言することになる。

すぐさま私の名声は弁証法の分野ではどこでも知れ渡ったし、そして、私の旧い勉強仲間たちばかりか、私の師匠シャンポーのギヨームの名声をも、少しずつかげらしてしまったのです。

この時点では、もう誰も彼を止めることはなかった。すなわち、コルベーユで第二の学校を開設するのであり、そして、彼の元師匠で敵のギヨームが引退したことを知るや、ごく短期間ながら、師匠の後継者の地位をくすねたのだった。

私がこの弁証法の学校の校長になったとき、ギヨームがどれほど嫉妬し、どれほど苦痛を覚えたかは言えません。彼は怒りで青ざめ、憤りで真っ赤になって、私をまたしても遠去けようと策を弄したのです。しかし、嫉妬は風みたいなもので、木の頂きが高くなるほど、よくその木を揺するのと同じく、私はまたしてもメランに引っ越さざるを得ませんでした。(2)

しかし、学校を移る間に、決定的なことが起きる。アベラルドゥスは若い女生徒エロイーズと識り合うのであり、彼の生涯が激変してしまうのだ。換言すると、彼はセックスの存在を発見するのである。

当時まで、私は聖典の研究だけに没頭する決心をしていたため、不潔な売春婦のところに通ったことはありませんでした。ところが、エロイーズはまったく別だったのです。彼女は美しさでは最低というわけではなかったのですが、教養という、女性たちでははなはだ稀なこの素質の点で、すべての同級生を凌駕していたのです。彼女はひどく大事にしていた老聖職者フュルベールなる者の姪でした。(3)

要するに、約言すると、アベラルドゥスとエロイーズとの間に愛が燃え上がるのだ。彼は四十歳、彼女は十六歳だった。この哲学者は彼女とより自由に会えるように、さっそくこの伯父の家に下宿したのだった。

フュルベールはたいそうお金を渇望しており、また、姪の文学研究がすすむことを熱望していました。

もし彼女が精を出さなければ、ぶってもよいとの許可まで私に与えたのです。私はびっくりしました。お腹を空かした狼に柔かい子羊を委ねるようなものでしたから。私たちは書物を開きはしても、哲学ではなく、愛のことばかり話し合いました。

説明よりも接吻のほうが多かったのです。私の両手は書物よりも彼女の胸に触ったのです。しばらくして、エロイーズは妊娠したことに気づきました。彼女は大喜びして、そのことを私に言い、また、どうしたものか、と私に訊いたのです。それで、ある晩、伯父が留守のとき、彼女を誘拐し、私の小村に連れて行き、とうとう子供が生まれて、これをアストロラーベと名づけたのです。(4)

父親となってから、アベラルドゥスはパリに戻り、エロイーズと結婚する。しかし、スキャンダルを避けるため、結婚式は夜中に行われた。二人とも別々に教会に出入りした。そして、そのときから、二人は隠れて会うだけだった。だが、伯父フュルベールには、アベラルドゥスが姪を強姦したということが解《げ》せなかった、それで……

ある夜、私の召使いを買収した後で、私が眠っている間に、およそ復讐のなかでももっとも残忍かつ恥辱的なやり方で私を罰したのです。私が犯罪を冒した肉体部分を切り取らせてしまったのです。翌朝、町中の人びとが我が家の前に集まっていました。
友人たちの驚き、嘆き、叫びを今ここで物語ることは、おそらく不可能でしょう。(5)

ただし、みんなが泣いたわけではなかった。彼の元師匠ロスケリヌスは、即刻、彼をからかった。彼にこんな内容の手紙を書き送ったのだ――「君の身体にはもっとはるかに大事な部分がある。そんなものしか切り取られなかったことを神に感謝したまえ」。けれどもアベラルドゥスは笑いはしなかった。修道院に引き込もり、エロイーズにも同じことをさせた。彼のほうはサン＝ドニで修道士となり、彼女のほうはアルジャンテーユで修道女となった。このとき以後、彼らは手紙を互いに書いただけだった。(6) 彼らの手紙は魅力に富んでいる。ぜひお読みになることを推めたい。とにかく、せめて初めの四つの手紙だけでも、以下に要約してみたい。

エロイーズの第一の手紙

神に対する下僕、父に対する子供、夫に対する妻、兄に対する妹として、アベラール様へ。永久《とわ》に御機嫌よう！
あなたのお身体に加えられたひどい侮辱からして、あなたの名誉に対しての彼らの嫉妬がいかばかりだったかにあなたはお気づきなのですね。ご存知のように、私はあなたを熱愛して参りました し、今も熱愛しております。

私を結びつけたのは、結婚の絆ではなくて、私の愛なのです。神が私の証人です。私はいつもあなたに従ってきました。

あなたのためなら、私は妻、友、愛人、娼婦にさえなる覚悟でした。かりに皇帝が自ら私を皇后になるよう求めたとしても、王様の正当な妻として生きるくらいなら、あなたの囲い者となるほうを私は好んだことでしょう。

あなたは哲学者たちにはない二つの点をお持ちです。言葉の魅力と、詩句の優美さです。

手紙は終わり頃に少女が勇気を回復し、もうこれ以上便りをしないよう非難するに至るまで、この調子でずっと続いている。

私たちが引き込もってから、どうして私を見捨てられたのか、その理由だけはおっしゃって下さい。私に会いにいらっしゃらないのなら、手紙を書かないで下さい。

あなたの私への関心は、そうだとすると、愛ではなくて、肉体の魅力だけだったのですね。神の御名にかけてお願いします。どうかお便り下さい。かつては、あなたははしたない欲求を満たすために私を求めておられたときには、いつも私にお書きでしたのね。でも、もう書かないで下さい。

そして、以下はアベラルドゥスの返事の要約である。

アベラルドゥスの最初の返事

キリストによって最愛の妹エロイーズに、キリストによってその兄なるアベラルドゥスより。世間から逃亡後、まだ一言もあなたに書き送らなかったのは、あなたに対して抱いているこの上ない敬意のせいなのです。

私はあなたのような女性はこの種の助けを必要としないものと考えました。あなたは過ちを犯した者を正道に引き戻せる唯一の人ですし、またまだふらついている者に勇気を与えるすべも心得ています。どのようにして？　祈りをもってです。私たちは多くの罪のあがないに、主にお祈りする必要があるのです。女性たちのお祈りがどれほど有効かをよく分かって下さい。

こういう場合には、修道女たちの節制と貞潔がいちばん有効なものなのです。あなたの祈りの中でいつも私のことを思い出して下さい、そして決して疲れないで下さい。父なる神が私たちを哀れんで下さるものと、確信します。

エロイーズの第二の手紙

キリストの後ではすべてである方へ。私の唯一の最愛の人たるあなたが、お手紙の中で、あなたのお名前より先に私の名前を、つまり、男性より前に女性を、夫より前に妻を、主人の前に女召使いを、修道士の前に修道女を出しておられるのに驚かされます。もう一つ、驚いたことがあります。

うことです。

それは、あなたのお手紙が私を慰めるべきなのに、むしろ逆に、私の悲嘆と苦悩を増大させたとい

あなたは死ぬ覚悟があると書いておられます。でも、考えても下さい、あなたなしに私がどうやって生き続けられるかを。

セネカも申しました、「死ぬ前に不幸を予想したり、生命を失ったりする必要がどうしてあろうか？」と。

私はすべての女性のうちで不幸せで不運な女です。あなたはただ落下の苦しみを増大させるというそれだけのために、私をより高く持ち上げたのです。私たちが情欲の楽しみに身をまかせていたとき、神はそれに気づかぬふりをなさりましたが、その後、私たちを罰されました。そして、私たちが結婚しても、神の怒りが減じたりはしなかったのです。悪魔は男を滅ぼすために女を用いることによく慣れています。私たちは二人で罪を犯したのに、あなただけが償われました。でも今や私とてとても苦しんでいます。私は肉欲にあまりに長らく身をまかせてきましたから、これは正当な罰なのです。思い出が私に付いて離れません。お祈りが自分をもっとも清くいさせるべきはずのミサでさえ、思い出が私の心を苦しめます。そして、後悔する代わりに、私は無くしたものを惜しんでいます。人びとは私の清純さを賛えていますが、それは私が実際には偽善者なのだということを知らないからに過ぎません。私の偽装の力で彼らは欺かれていますが、私は回復してはいません。前と同じように、しかも前より以上に、私はあなたのことを思い、あなたを愛し、あなたを強く恋い慕っております。

アベラルドゥスの第二の返事

キリストの花嫁に、あなたの僕《しもべ》より。あなたは傷ついた魂を四点からさらけ出しています。第一に、あなたは私の名前より先にあなたの名前を書いたことをとがめ、第二に、あなたを慰める代わりに私があなたの涙を増やしたと私をとがめ、第三に、あなたはまたしても神に対していつもの不満をぶちまけ、最後にあなたの真の値打ちを過大評価しないよう私に頼んでいました。

一つずつ、お返事しましょう。挨拶の形式に関しては、私は目下の者よりも目上の者の名前を先に置くことにしている習慣を重んじたのです。あえて言わせてもらいますが、あなたのほうが私よりも目上なのです。第二の非難に関しては、私の苦しみをあなたに知らせるようあなたは要求されますが、どうか使徒の言葉、「イエス・キリストの内に生きようとする者はすべて苦しまなければならない」を思い出して下さい。

第三に関しては、神があなたのためになしたもうたことを忘れないで下さい。

最後に、いかなる賛辞も拒否すると言われる点に関しては、私も同感です。「謙遜する人は称賛される」と書かれてきましたし、私としてはあなたにどうかもっと謙遜するようになって欲しいものです。

ほかに八つの手紙が続く。誰よりも愛に憔悴しているエロイーズの手紙、いずれも後悔とキリストへの愛がすっかり読み取れるアベラルドゥスの手紙が。何を言っているのか？　私によれば、彼女のほうは魅力的な人、稀有な、いつも真摯な存在である。逆に、彼に関しては、私はそれほどはっきりとは言えない。彼は盲信家か、または食わせ者かのいずれかだったのだ。

だが、話はここで終わらない。最初に亡くなったのはアベラルドゥスで、それは一一四二年のことだった。彼女のほうは二二年後に彼に続いた。息を引き取る前に、彼女はペトルス師に、偉大なる愛人と一緒に葬られることをお願いした。これはアベラルドゥスの最後の望みだったのだ、と。師はこれをかなえてやったのだが、その後数百年して、遺骸は別々の墓所に移された。十八世紀末頃になって、教会当局はサン＝レジェ礼拝堂の地下のお墓に再び一緒に埋葬した。ただし、遺骸がこの状況を利用できないように、鉛の板を二人の愛人どうしの間に置いたのだった。

(1) Abelardo, *Storia delle mie disgrazie* (Garzonti, Milano, 1974).
(2) *Ibid.*
(3) *Ibid.*
(4) *Ibid.*
(5) *Ibid.*
(6) 渡辺正知訳『アベラールとエロイーズの愛の手紙』（木星社書院、一九三〇年）参照。

第20章　アヴェロエス（イブン・ルシュド）

アヴェロエスという名は私の好きなものであって、響きがよい。かつて、二輪競技（トロット）にアヴェロエスという馬がいた。私は一〇リラ賭けて、六〇リラ儲けた。もちろん、当時の六〇リラだ。これは私のもっとも素晴らしい思い出の一つである。六倍の当たりを取るのは、容易なことでない。とにかく、今日アヴェロエスがアリストテレス派の一哲学者であることは、普通教育を受けた人びとには周知のところだ。

アヴェロエス——つまり、イブン・ルシュド。その意味はどうでもよい——はアラブ人だったが、西洋文化に属していた。彼は一一二六年に、スペインのコルドバで生まれた。哲学者としては、われわれがこれまで出くわしたすべての人びとよりも理性的な人だった。あえて言うと、彼はアリストテレスの熱狂的な賛美者だったし、しかも、みんながアリストテレスに熱中するように、いかさまをやったのだった。彼は言っていた、「アリストテレスは哲学に決着をつけた人だ」、と。そして、隣人にも分からせようとして、彼は三つのレヴェルで読める三つの異なる翻訳をアリストテレスについて遂行した。たとえば、この世には複数のコミュニケーター・タイプが存在する、と彼は確信していた。つまり、哲学者は哲学者どうしで語るし、神学者は弟子と語るし、説教師は大衆と語る。ここから、三冊の論述書が生まれた。『大注釈』、『中注釈』、『小注釈』である。私見では、いずれの学者でもアヴェロエスのこの忠告を考慮して、いかなる試論でも三つの版をつくるべきであろう。そうすれば、彼らにとってもよりよくなろうし、われわれにとってもよりよくなるであろう。ダンテ・アリギエーリでさえ、もちろん「地獄」の中でではあるが、彼を称賛とともに引用し、「註の大家アヴェルロイス」(Averois, che 'l gran comento feo)と彼を規定している。(1) さらに、どうしてか分からないが、やはりダンテはアヴェロエスをもっとも熱烈に称賛する一人、シジェ・ド・ブラバン〔一二三五頃―一二八一頃〕を天国に置き、彼に「とこしえの光」(luce etterna)を授けてさえいる。(2)『神曲』の謎だ!

アヴェロエスを他の哲学者たちから区別する観念は二つある。宇宙が誕生していないとする観念と、哲学が『コーラン』と両立できるとする観念である。両方とも、これから検討してみることにしよう。

第一の観念は、神と宇宙とが一緒に、同じ瞬間に誕生した、または、よりはっきり言えば、全然誕生していない、という考え方である。この原理を把握するには、永遠とは、時間と関係のある一つの次元ではない、たとえば、タイトルで始まり「終」の語で終わる映画ではない、という考え方を受け入れる必要がある。「神より以前」というのが誤りであるのと同じく、「宇宙より以前」というのも誤りであろう。なぜなら、神にも宇宙にも「前」とか「後」はないからだ。神にとっての唯一の譲歩は、人間に、時間は経過しながらも、実際には循環的なのであり、それはたんに経過するだけではなくて、出発点に戻るのだということを信じさせることにある。永遠を信じないということは、霊魂や彼岸を信じる必要性をも終止させる。これは大変なことである。

『霊魂論』の中で、アヴェロエスが主張しているところによると、ある個人は他の人びとよりも、知的概念を受け入れやすいのだが、肉体が崩壊するや否やこれら概念を永久に失くしてしまう、という。言うなれば、「君が生きている限りは君は一角《ひとかど》の人物なのだが、すまないけれど、友よ、致し方ないのだ。死は均《な》らし屋なのだ」。これは、私にはとても親しみのある或る哲学者が、八〇〇年後に言った言葉である。

第二の観念に基づくと、『コーラン』と哲学との間にはいかなる矛盾もないということになる。そして、ここでは課題は面倒になる！　とにかく、アヴェロエスは『コーラン』の中に、彼の言い分を認める個所をいくつか発見するまで安心できなかった。他方、イスラム教徒のこの聖典の中には、ときどき矛盾する概念も存在している。ある人びとは無からの創造を話題にしているし、逆に他の人びとは或るものが他の何か、すべてに変貌することを話題にしているが、他方、「アラーは玉座に坐し、眺め、そして水の上に浮かぶ」、つまり、自らのことを自分でやっている。われらの哲学者がその観念をもって、果てることのない批判を背負ったことは確かである。しかし今度は、彼を攻撃した仲間が罰されたのだ。数年前、アリストテレスおよびその門弟たちを非難する目的で『哲学者矛盾論』を著した同僚アル＝ガザーリーに対して、アヴェロエスは『《哲学者矛盾論》の矛盾』[3]と題した一巻を献じたのである。

他方、彼岸（神、ヤハウェ、アラーのそれであれ、そんなことはたいした問題でない）を、したがって、天国、煉獄、地獄を信ずるすべての人びとは、哲学を受け入れることができないのだ。哲学は信者をゆするのに必要なあらゆる手段を聖職者から取り上げるからである。彼岸がなければ、誰も罪人に対して、「悔い改めたまえ、そして神に赦しを乞いなさい、さもないと後で困ったことになるだろう」とはもはや言えなかったであろう。

アヴェロエスは最初は宮廷医だった。彼は医学のほかにも、神学、法学、数学、哲学に熟知していた。要するに今日の言い方をすれば、〝何でも屋〟(tuttologo) だったのだ。その後、三十歳を超えてから、司法官（カディ）となり、最後に、アリストテレスの研究者・翻訳者となった。どうやら彼を説得して哲学に没頭させた張本人は、カリフ・ユースフだったらしい。アヴェロエス本人も或る本の中でこんなことを言っている。

ある日、アブー・ヤークーブ・ユースフが私を呼び寄せて、アリストテレスの晦渋さを私に嘆いた。

「どうしてそちは彼を徹底的に研究しないのか」と私に言われた、「そして他の人たちにも彼を説明しないのか？　そちはそれをやるだけのあらゆる要件を兼ね備えておる。朕にはほかにやるべきことがある故、彼にはかかずらわないが」。

しかしながら、カリフの支持にもかかわらず、アラーの名を口にするだけでも冒瀆を犯すに等しいと見なす、鉄面皮なイスラム全体支配主義者たちは、彼の生活を困難に陥《おとしい》れたのだった。それでも彼はかわいそうに、哲学とイスラム教との間に矛盾のないことを証明した上で、「アラーの信者たちを遠ざけるかも知れないとの口実で哲学を禁止するのは、渇いた者に溺れさせるかも知れないとの口実で水を禁止するようなものだ(4)」と付言したのである。だが、どうしようもなかった。彼らはみな彼のことを、皮肉屋だ、合理主義者だ、〝二股信者〟だ、〝二枚舌使い〟の雄弁家だ、と囃《はや》したのである。

　とうとうモロッコのマラケシュに追放され、当地で七十二歳で生涯を閉じたため、彼の敵たちは大満足したのだった。

（1）ダンテ（山川丙三郎訳）『神曲上――地獄――』、第四曲、一四四行目（岩波文庫、一九五二年、三五ページ）。
（2）同上『神曲下――天堂――』第十曲、一三六行目（岩波文庫、一九五八年、七二ページ）。
（3）アヴェロエス（田中千里訳）『《（アルガゼルの）哲学矛盾論》の矛盾』（近代文芸社、一九九六年）参照。（訳注）
（4）Averroes, *Kitāb fasli'l-maqāli*〔断定の説〕（伊訳 *Il trattato decisivo*, Rizzoli, Milano, 1994, p. 45).

第21章　マイモニデス

私の好きな中世哲学者はずっと、ユダヤ系のマイモニデス（ヘブライ語名はモーシェ・ベン・マイモーン）だった。彼もアヴェロエス同様、コルドバに十二世紀初頭（一一三五〔三九〕年）に生まれ、彼もやはり、アラブ人で実践的な医者だった。なぜ好きだったか？　それは彼が『迷える者への導きの書』を、信仰も無信仰も拒否する（私のような）すべての人びとに向けて書いたからだ。マイモニデスが実際に述べているのは、「たとえ楽天的なものであれ、仮説を立てよう、そしてそれから、それが的中するよう希望しよう」ということである。

この時点で、私は告白する義務がある。誰かから、私が宗教に関していかなる態度を取っているのか、と訊かれると、いつもこう答えることにしている――「神のおかげで、私は無信仰者です」、と。もちろん、こう言っているのはたんに洒落を弄するためだけであって、実際には、私はまったく無信仰者ではない。私は、信者も無信仰者も、ある原則を確信していると明言するが、実際には、まぐれで当たる、二人のうぬぼれ屋だ、と考えている。告白するが、そうは言っても、前者〔信者〕が勝ってもらいたい、と願っている。その間に、私は自分を不可知論者、つまり、せいぜい積極的な懐疑論者だ、と規定しておく。したがって、迷える者たちへ一巻を献じてくれた哲学者がいたことは、私には好都合なのだ。私は信者たちを嫉妬するが、疑っている人びとや、彼らを弁護するすべての人びとを愛しているのだ！

マイモニデスは哀れにも、哲学（特にアリストテレスのそれ）を『コーラン』や『聖書』と両立させようと試みた。もちろん、それには成功しなかった。とはいえ、彼はもっぱら哲学者たちに没頭したので、せめて前提だけでもつくり出して、いくつかの問題が公けに議論されうるようにしたのであり、だからといって、哲学者たちが不信心者とか異端者とか、と規定されないようにもした。内心では、彼はアリストテレスに加担していたのだが、いつもそのことを気づかれないようにしていた。

彼は言うのだった、——科学、哲学、宗教は、姉妹のように共存できる、と。それから、こう付言もしていた。「万物の起源に創造者、しかも或る瞬間から出現した創造者を仮定しないための理由はない。宇宙が永遠だということは、これにも初めがあり得なかったということを意味しはしない」。

要するに、マイモニデスは寛容家だったし、懐疑の支持者たち全員と同じように、彼は論理と対立しないようないずれのテーゼにも、開かれた心で傾聴していたのである。

私をマイモニデスに共感させるもう一つの素質は、彼が占星術師や魔術師一般を嫌悪していたことである。ある日、フランスに住むユダヤ人仲間たちの疑念——人間行動はすべて星座ですでに定められているのではないか、との疑念——に答えて、彼はこう明言した。「ばかなことは言わないことだ。人間行動の責任はただそれをなした人びとだけのものだ。愚者とか詐欺師だけが、罪を星に帰することができるのだ」。

その点では、マイモニデスは、天には徐々に増大する一〇個の知的圏域があり、彼が動因知性と名づける第十のそれは、ありうべき知性のうち最大のものだ、と確信している。これら一〇個の圏域の下で、この世の地球は生きており、そこでは、いずれの生き物も五つの能力——栄養摂取、感覚、食欲、想像、知性——を備えているという。言うなれば、動物として生まれ、人間として死ぬのである。もちろん、人により多少の差はあるのだが。

主がマイモニデスの心根の善良さを考慮して、彼の迷いを赦したまわんことを。私は確信する者である——彼が天国に出頭した日に、神は彼に《余が存在していると分かったかい？》と尋ねられたであろう、と。

そして、彼はこう答えたであろう——《はい、このことは私には喜ばしいですし、とりわけ、あなたさまにとっても》。

第22章　フロリスのヨアキム

実を言うと、これまではキリスト教哲学者たちのあらゆる注意は父と御子に向けられてきたのであり、全然とは言わないまでも、聖霊にはほとんど向けられてこなかった。実際、教父たちの大半は聖霊を巻き込んだとしたら、それはたんに、聖母の処女性を信じさせるためだけだったのであって、その他の点では、聖霊を挙げることさえしなかったのである。ところで、哲学者フロリスのヨアキムはこれを以下のような言明をもって、再評価しようと考えることになる。「人類史は三つの連続した時期に区分できる。第一は宇宙の創造からイエスの生誕までで、この時期を支配したのは神なる父である。第二はイエスの生誕から今日まで、御子の支配した時期、そして第三はまさしく聖霊に支配される現代が始まる時期である。依拠すべきそれぞれの理念も三つ――法、恩寵、自由――である」。

しかし、三位一体の三位格を同等に扱おうとするこの試みが、必ずしもみんなの気に入ったわけではない。神を首位、イエスを第二位、そして聖霊を第三位に分類した人もいたのである。他の人びととは逆に、イエスを首位、神を第二位、そして聖霊を第三位に置いた。しかし誰も――ほんとうに誰も――聖霊に少しでも余地を与えたりはしなかったのである。

ヨアキムに手助けをし、三位一体を再評価する準備をしたのは、ダンテ・アリギエーリであって、彼は煉獄界において、率直にこう主張したのだった。

Matto è chi spera che nostra ragione
possa trascorrer la infinita via
che tiene una sustanza in tre persone.

もし我等の理性をもて、
三にして一なる神の踏みたまふ無窮の道を極めん
と望むものあらば、そのもの即ち狂へるなり。

State contenti, umana gente, al *quia*;
ché, se potuto aveste veder tutto,
mestier non era parturir Maria.

人よ汝等は事を事として足れりとせよ、
汝等もし一切を見るを得たりしならば、
マリアは子を生むに及ばざりしなるべし(1)

言うなれば、聖霊は聖母に生ませるために懸命の努力をした以上、存在理由が十分にあったはずだ、ということになろう。

「預言の霊を授けられたるカーラブリアの僧都ジョヴァッキーノ」(il calavrese abate Giovacchino di spirito profetico dotato)(2)は、一一三〇年にコセンツァ地方のチェリコに生まれ、シーラのサン・ジョヴァンニ・イン・フィオーレと呼ばれている小都市で一二〇二年に没した。当初、修道士になったが、その後、いつまでも修道院に閉じ込もることがむだな人生に終わると気づき、イタリア全国を遍歴して説教に献身するのがましだ、と考えた。彼の第一の問題は、その性格にあった。実を言うと、彼はひどく激高しやすかったのだ。生涯を通して、彼はとりわけ、教会当局とけんかばかりしてきたのだった。彼だけのために企てられたラテラーノ公会議によって、彼が異端と〝三神論〟で糾弾されたのは確かなのである。ところで、〝三神論〟とはどういう意味なのか？　それは、一体の神の代わりに、三体の神を信ずることを意味する。ヨアキムは、正確には『三位一体の一致と本質に関する書』(*Libellus de unitate et essentia Trinitatis*) と題する一冊の本を書いたことで有罪とされたのである。

実際には、彼の野心はたんに聖霊の再評価だけに限られてはいなかった。彼の判断によると、教会はここ数世紀の流れの中で、深刻な衰退を蒙った。禁欲と祈りから成る生活から、中世の最悪の宮廷に相応しい、誇示と弛緩へと移行した。これもすべて、教会当局が権力を掌握したせいなのだ。そこで、彼ヨアキムは第三の時期――聖霊の時期――の前兆をもって、法王をも含めて、キリスト教のすべてのボスたちを監視して、教父の昔の精神を回復させようと欲したのである。周知のとおり、彼はむだ骨を折ったのであって、一方ではカラーブリアで修道士をしながら、他方ではローマの枢機卿を務めるような破目になったのだった。

彼の最大の願いは、旧約と新約を一冊のテクストにしてから、キリスト教徒とユダヤ教徒が腕を組んで歩くのを見れたら、ということだった。「もし神が存在するとしたら、一体でしかあり得ない。だとしたら、その神を別々の違う名で呼んだところで、何の意味がある？」というのが、彼の口ぐせだった。

もちろん、彼は二つの宗教を統合することはできなかった。しかしその代わりに、彼は物乞いたち〔托鉢修会士たち〕からは精神的指導者に選ばれて、たいそう愛された。それと同時に、金持ちたちからは邪魔者と見なされた。現今の用語を用いれば、彼はキリスト教の——もちろん左派の——過激派だったと言ってよかろう。貧者たちは彼の側につき、あまり貧乏でない者たちは反対側に立っていたのである。言うなれば、どう見ても、ある立場は不変のままなのだ。政治であれ、宗教であれ、根底にはいつも、一方では嫉妬があり、他方では利己主義がある。

ヨアキムはオリエントに旅して後、いわゆるフロリス流派、つまり、ヨアキム信奉者たちの修道会を創設した。これは瞑想をこととしていた。話によれば、彼の信奉者たちは輪になってひざまずいて互いに隣人の傍に座し、まったく身動きせずに黙って天を眺めていた、という。ときには、三角形の楽器——もちろん、彼らに聖三位一体を想起させるもの——たるプサルテリウム〔弦楽器〕を奏ることもあったのである。

（1）ダンテ（山川丙三郎訳）『神曲中——浄火——』第三曲、三四-三九行目（岩波文庫、一九五三年、二六ページ）。
（2）同『神曲中——天堂——』第十二曲、一四〇-一四一行目（岩波文庫、一九五八年、八四ページ）。

第23章　ロバート・グローステスト

一一七〇年頃に英国に生まれ、フランシスコ会修道士となり、オックスフォード大学教授、数年後にリンカンの司教となった。さて、信じられないぐらい骨の髄までイギリス人であるのに、ロバート・グローステスト〔大頭〕と呼ばれていたのだが、このことは私に、一九三〇年代の或るナポリ貴族のことを何となく想起させるのである。その人はロベルト・メザカーパ侯爵と言い、恋仇きをピストルでの決闘で殺したため、殺人のかどで有罪になった、最後のナポリ市民だった。侯爵と一緒に、決闘の介添え人や、決闘の因となった当の淑女をも含めて、決闘に居合わせた全員も、助勢〔助だち〕のゆえに逮捕された。とにかく、このように比較に出したのも、二つの姓が近似しているからに過ぎない。なにしろ、ナポリのメザカーパ〔半頭〕は哲学に関する限り、まったく無知だったからだ。むしろこの自称『物語中世哲学史』の中に英国の司教を入れるのが適切だと私がなぜ考えたのか、その理由を見ることにしよう。

ロバート・グローステストはその光の説で知られる。実際、彼によると、すべての物体は物質と光から成る。すべての物体はそれ固有の物体でいくぶんかのスペースを、そして、固有の影ではるかに大きなスペースを占めるからだ。ただし、見えるものと、触れられるものとを混同しないように要注意。見える限りでの物質から発する光は、上からやってくる、しかも神の存在を証明している、まったく別のレヴェルの、別の光を浴びせられる限りでのみ見える。私たちの頭上に発散するこの光（lumen）のおかげで、九つの天球——そのうちのもっとも下のものは月の球である——と、四つの地上の圏域——それぞれ、水、火、風〔空気〕、地に属する——とから成る、一種の梯子《はしご》を昇ることが可能となる。もちろん、この梯子の最後の段に到達するには、少々の信仰を必要とする。

この説は聖アウグスティヌスの思想に戻るものである。実際、この大哲学者にとっても、知識は上天から、一種の天啓としてやってくる何かなのである。ロバート・グローステストはその『真理について』なる論文の中で、文字通りこう述べている。

身体の目は光で照らされなければ色を見ることができないのと同じように、心の目は神の光で照らされなければ盲目である。

この哲学者なる修道士は、オックスフォードで教えているうちに、弟子たちの関心を三学科〔文法・弁証・修辞学〕から四科〔算術・幾何・音楽・天文学〕へ、とりわけ、自然学と光学へ移している。彼の見解によると、すべては一つの数学の公式に還元されうるという。彼は言っていた、光は空気よりもほとんど厚くない、ごく薄い物質に似ており、最後にこれをはばむ何かに出くわすまで絶えず拡散してゆく、と。何ものにも出くわさない場合には、無限に拡散してゆき、ついには世界の果てに、したがって要するに、神の体そのものに到達する。その後から、彼はこう付言する——汝の創造主と身体的接触を持ちたいのなら、目を閉じたまま、太陽に身をさらすだけでよい。しばらくすると、熱を通して汝の皮膚の上に神の存在を感じるであろう、と。

彼のもう一つ熱中したものは、ギリシャ語だった。同国人たちが古典をよりよく理解できるようにと、彼はギリシャ語から、アリストテレス、プラトン、偽ディオニュシオス・アレオパギテースの多くの著作を翻訳した。自らも哲学論文を多数著した。そのうちには『命題への注解』、『六日についての考察』、『真理論』があり、とりわけ、『光について』は物理学の論文であって、ここでは創造の神秘が光学を基にして詳細に説明されている。

第24章　聖ボナヴェントゥラ

親愛なる読者諸賢、みなさんが中世に生きたとして、修道士になろうと欲しているのであれば、道は二つ開かれるであろう。ドミニコ会士かフランシスコ会士か。この二つのコースは目的を異にする。前者は文化的、後者は修道的であり、両方とも十三世紀初頭に誕生し、両方とも意義深いものである。聖ドミニクスの修道会（説教師修道会 Ordo fratrum praedicatorum）は、研究と、異端との闘争に一切が注がれた。聖フランチェスコの修道会（小さい兄弟修道会 Ordo fratrum minorum）は、地上の快楽の放棄に一切が捧げられた。一方からは教養人士が、他方からは托鉢僧が輩出した。だが、フランシスコ会士を浮浪者と混同しないように要注意。聖フランチェスコが取り入れた生活モデルは、これ以上想像できないほど禁欲的だった。ちなみに、フランシスコ会士だけが、こういう選択をしたわけではなかった。いくつか名前を挙げれば、ウミリアート会員〔十二世紀ロンバルディーア州に起こる〕や、鞭打ち苦行派〔一二六二年ウンブリアの僧R・ファザーニの創設〕があった。いずれも多かれ少なかれ、物質的幸福の放棄に固執しており、いずれも旧い教会位階制がしばしば見せつけた奢侈《しゃし》にきっぱり反対していた。

聖フランチェスコが自らの考えを説明するためにインノケンティウス三世のもとに赴いたとき、「第一規律」(Regula prima) ——つまり、快楽からの離脱と、身体への無視としての清貧——を法王に語ったのだった。フランシスコ会士であるためには、あらかじめいかなる勉強も求められなかった。ただ隣人を愛することだけで十分だった。そうは言っても、この修道会の中にはインテリも多くいたのであり、そのうちには、ハレスのアレクサンデル〔一二四五年没〕という、パリ大学で神学を教えた最初のフランシスコ会士もいた。

聖ボナヴェントゥラは一二二一年にヴィテルボの近くのバニョレジオに生まれ、歴史には、「フランシスコ会の第二の創設者」として残った。実際、彼は聖フランチェスコとは違って、「規律」の中に少しばかり実用主義をつっ込むことに成功したのである。彼は言った、「清貧はオーケーだが、やり過ぎないように。修道士はせめて生き残るための最小限のものを持ってもよい」、と。ここでの最小限とは、必要なだけの食事をすることと、修道服をまとうことを意味していた。それに引きかえ、もっとも厳格に宗規を遵守する者〔厳修会の修道士〕たちは、生活においては「何ももつ必要がない。ステッキも、背負い袋も、パンも、お金も、二着の修道服すらも要らない。夏に一着、冬に一着だけで足りる」と主張していた。彼、聖ボナヴェントゥラは、イエスだけを信じており、二次的には、プラトンを信じていた。神についての彼の定義は実に素晴らしい――「その中心はどこにでもあり、その周辺はどこにもない、知的な球のようなものである」。彼はアルバーノの大司教となり、聖トマスと同年の一二七四年に没した。

本名ジョヴァンニ・ディ・フィダンツァと呼ばれていたボナヴェントゥラにとって、哲学の唯一の目的は、人生の短さをわれわれに想起させることだった。数例を挙げよう。第一の例――「私はスーパーナンバーズでわずかの違いで負けた。三五番の代わりに、三四番が出たのだ」。すると、聖ボナヴェントゥラなら私に言うだろう、「そんなこと大した問題ではない。遅かれ早かれ、君は死ぬはずなのだから」。第二の例——最近の選挙で中道右派連合が中道左派連合の代わりに勝利を収めた。すると、聖ボナヴェントゥラは言い返すであろう、「それで？　来世では中道右派連合も中道左派連合もないだろうが」。

人類は、地上で聖なるものの観念を表わす限りにおいてのみ、存在理由がある。残余はすべて、空しい好奇心（vana curiositas）である。困ったことに、人類は思い上がって、自分の未来を変えることができると信じ込む危険を犯すのである。人生の意味はボナヴェントゥラがそのもっとも有名な著書に付したタイトル『神への心の旅路』で要約できるのである。

この著書の中で、彼は人間の心には下級の理性（ratio inferior）と上級の理性（ratio superior）が存在する、と述べている。前者は実際的な、毎日の諸問題を解決するのに仕えており、後者は精神世界を直観するのに仕えている。だから、私たちは上級の理性に身を任せよう。そして、神が私たちを助けてくださらんことを。

元来、アダムとイヴの時代には、私たちは誰もこんな問題を抱えていなかったのだが、あいにく原罪で駄目になってしまったものだから、今やその結末をあがなっているのである。じゃ、私たちの決着をつけるにはどうすべきなのか？　ボナヴェントゥラの勧告では、あまりはっきりしない。彼は各人の置かれているレヴェルに万事はかかっている、と主張する。痕跡（vestigium）に属するか、幻像（imago）に属するか、類似（similitudo）に属するか、に応じてそれぞれ違った悔い改めをしなければならない。痕跡は愚かな、頭を働かせない人間に属し、逆に幻像は考える人間、そして類似はもう神の近くにいると感じている人間に属する。

私はと言えば、正直に告白するが、自分のレヴェルが分からない。たとえば、これまで私が多くの罪を犯したか、それとも一つの罪も犯さなかったか、分からない。ときとして私は重罪犯だったと感じるし、ときとして逆に、私は駐車違反以上の罪を犯したことがないと感じている。どう言うべきか？　まあ、よいほうを望みたいものだ。

こんなことをやると憤慨する人がいるかも知れないが、私としては、もう一人のボナヴェントゥラ、私にとても親しい一九三〇年代の一人物を引用しないわけにはいかない。彼は漫画誌「コッリエーレ・ディ・ピッコリ」の主人公だった。これはこれまで物語ってきたばかりの哲学者とはまったく別人のボナヴェントゥラである。前者、つまりフランシスコ会士のほうは金銭から距離を置いたことを誇りにしていたのに対して、後者のほうはお金しか頭になかった。彼のこま割り漫画はいつもこんな文で始まっていた。

ボナヴェントゥーラ氏の冒険、ここに始まる

そして終わりには決まって誰かが、自分のやったこと、もしくはやらなかったことで彼に感謝するた

めに、彼に一〇〇万リラを贈っていたのだ！　当時は今と異なり、お金の値打ちも違っていた。イタリア人は誰も一〇〇万リラ全額を、つまりすべて銀行紙幣で見たことはなかったし、私たち子供は「コッリエーレ・ディ・ピッコリ」というA4判の紙の上に百万（UN MILIONE）と大書されている様子から、それを想像したものである。その後、戦争、インフレーション、と続いたのだから、われらがボナヴェントゥーラ氏も貧乏になってしまったことだろう。

第25章　聖アルベルトゥス・マグヌス

フランシスコ会士からドミニコ会士へ、ボナヴェントゥラからアルベルトゥス・マグヌスへ移るとしよう。ボルシュテート伯アルベルトゥス・マグヌスは一二〇〇年頃に、スイスのラヴィンゲンで生まれ、カルチエ・ラタンのパリ大学で神学を教えた。

彼がこの教授に就任したのは、学生たちのストライキの結果だった。そう、まさしく「学生たちのストライキの結果」だったのだ。十三世紀に学生のストライキを想像するのが難しいことは私も解るのだが、それでもそんなことが起きたのである。教授たちは反射的に大学を捨て去り、パリから出て行ったのだ。それから、神よご照覧あれ、二年後の一二三一年に、ドミニコ会のこの学校が機能を回復したのであり、そして、神学の教授の座は二人の候補が潰《つい》えた後、ボルシュテートのアルベルトゥスに委ねられたのである。

この哲学者は生涯の大半をアリストテレスの著作の研究に費やしたのであり、こういうことを行ったすべての人びとと同じく、彼も例のジレンマ——「信仰と理性のいずれが上か？」——にぶつかった。おそらくアリストテレスだって、もし当時生きたとしたら、同じ問題に当面したであろう。けれども重要なことは、敵を持つことだったし、アルベルトゥス・マグヌスもおかげさまで、パリの司教エティエンヌ・タンピエなる人物におあつらえの敵を見いだした。この司教から、彼は弟子たちにアリストテレスのいくつかの説を説明しただけで異端だ、と告発されたからである。二人は互いに口汚なくののしり合った。タンピエは二一九の告訴箇条からなる有罪を申し渡したし、アルベルトゥス・マグヌスは答えて、彼を「言っていることさえ分からないでたわごとを吐く野獣[1]」だと決めつけ、さらに、「彼はソクラテスを殺し、プラトンを追放し、アリストテレスをアテナイから去らせた連中にも比べられるべきだ[2]」と付言したりした。

実を言うと、タンピエとアルベルトゥス・マグヌスは出身の学派が異なっていたのだ。タンピエは旧スコラ学派、つまり、哲学をたんに神学の奴婢《ぬひ》としか考えないところの出身だったし、アルベルトゥスはと言えば、哲学と神学とを、まったく共通点のない、別個の二つの科目と見なす、新スコラ学派の出身だった。アルベルトゥスは言っている――いずれのものも二つの観点から検討できる。モノ自体（res in se）として――この場合には、哲学に属する――か、または祝福すべきモノ（res ut beatificabilis）として――この場合には、神学に属する――。神学にとって真なるものは、哲学にとっては蓋然的でしかないし、ここにあらゆる相違がある。ほかの場合でもすでに見てきたように、信仰－理性の衝突が、近代（近代とは、ヒューマニズムで始まる時代のことだ）に至るまでの中世全体の特徴となっているのである。

アルベルトゥス・マグヌス――いやむしろ、聖アルベルトゥス・マグヌス――は、パリのみならず、レーゲンスブルク、ストラスブール、ボローニャ、パドヴァ、ケルンでも教えたのであり、ケルンではなんと、トマス・アクイナスを弟子に持ったのだった。彼はときには、屋外で授業をしなくてはならなかった。聴講したがる学生の数が多かったからである。パリにはモーベール広場があるが、これはどうやらアルベルトゥス・マグヌスから名づけられたらしいは（Maubert《モーベール》は Magister《マギステル》〔師匠〕と Albertus《アルベルトゥス》との縮約形）。

アルベルトゥスとトマスの連結は、十三世紀の哲学の目印となった。実際、当時より以前には、弟子のために地ならししたこれほど有能な師匠はかってなかったのである。バレーボールの表現を用いたければ、アルベルトゥスが球を投げたのは、トマスがこれをスパイクするためだった、と言えるかも知れない。

彼、アルベルトゥス・マグヌスは見るからに、好人物だったと言われる。歩きぶりがエレガントだったほかに、物腰も柔軟で、話し方が巧みだった。老齢で亡くなった。ある人びとによると、七十五歳だったというし、逆に他の人びとによると、八十七歳だったというが、このときには彼はもう耳が聞こえなくなっており、目もほとんど見えなかった。四巻から成るアリストテレス著作集への『注解』（*Commentarius*）、『善について』（*De bono*）、『すがるべき神について』（*De adhaerendo Deo*）、『神学大全』（*Summa theologiae*）、とりわけ、『被造物大全』（*Summa de creaturis*）を著した。彼の思想の要約でもあるこの最後の著作は、中世哲学の愛好家には、看過できないであろう。

（1） *Commentari in opera b. Dionysii Areopag.*〔偽ディオニュシオス・アレオパギテースの著作についての注解〕, VII, 2.

（2） *Politicorum Aristotelis*（*VIII lib.*）〔アリストテレスの国家論（第八巻）〕, I, VIII, 6.

第26章　聖トマス

今日のインテリたちは、右派と左派に区分されているが、かつて十三世紀には逆に、アリストテレス学派とプラトン学派に区分されていた。さらに、ラファエロもこれら二人の偉大なギリシャ哲学者たちの違った発想を総合しにかかる。彼はその有名な絵画「アテナイの学堂」において、二人を対《つい》にして見せてくれている。すなわち、プラトンは指を天に向けてイデアを示唆しているが、アリストテレスは手のひらを広げて地上、つまり、具体的で確実な現実を示唆している。

アリストテレス学派のうちで最重要な人物が聖トマス・アクイナスであることに疑いはない。死後でさえ、中世思想全体を支配することになる伝説的人物である（ダンテ・アリギエーリへの彼の影響を考えれば十分だ）。

生　涯

トマスはカッシーノ近くのロッカセッカで一二二五年に生まれ、テッラチーナで一二七四年に亡くなった[1]。彼は小さな封臣ロッカセッカのアクイーノ家の第八子、または第九子だった。父親のランドルフォ伯はなんと城の中に暮らしていた。だから、トマスは子供のときから財政上の問題がなかったと想像される。当時、支配していたのは皇帝フェデリーコ〔フリードリヒ〕二世（一一九四―一二五〇）だった。

けれども、モンテ・カッシーノへの応募が却下されるや、青年トマスはナポリに移り、ここでアリストテレスの哲学に初めて遭遇し、それから、ドミニコ説教師修道会に出入りすることとなる。しかし家族には、彼が修道士になる決心をしたことがまったく気に入らなかったのであり、そのため、彼が他の見習い僧たちとともに北イタリアへの旅に出たと知って、家族は二人のやくざ者を彼の後に送りつけ、彼をひっ捕えて家へ連れ戻させた。そして約一年間、彼は監禁されることとなる。彼はこれを利用して、聖書全編を読み暗誦した。また話によると、彼がドミニコ会士にならないよう説得するため、ある晩、素っ裸の売春婦が彼の部屋の中に送り込まれたという。けれども、この試みも始まる前に終わってしまった。なにしろ、トマスは彼女が服を着る暇も与えないで、暖炉から燃えている木を取り出し、これで彼女を追い出したからだ。その後、彼は卒倒した、そして、夢の中で二人の天使が彼女の腰の周りに純潔の象徴たる白いベルトを巻くのを見たのだった。

　トマスは大男で、髪は黒く、少しはげており、性格は気難しくて、要するにむっつり屋だった。つまり、あまり喋らず、級友と徒党を組むこともしなかったから、「だんまり牛」とあだ名されるほどだった。それから或るとき、彼がたいそう深みのある考えをクラスの中で語り始めたため、先生のアルベルトゥス・マグヌスは、「君たちが〝だんまり牛〟と今日呼んでいる者も、いつか文明世界の到る所で聞こえるぐらい大声で鳴くだろうよ」と口走った。この予言ほどぴたり的中した例はかつてなかった。

　ドミニコ会修道士として、彼はまずケルンへ、ついでパリのサン・ジャック街修道院に赴き、ここでは、三十歳になったばかりで、神学教師《マギステル》に任ぜられた。そして、最後にナポリへ赴き、ここでは

（言い伝えによれば）ナポリ方言で存在論を教えて、残りの生涯を過ごした。リョン公会議に参加すべく旅の途中、まだ五十歳にも満たぬうちに早世《そうせい》してしまった。二〇年後、法王ヨハネス二十二世により、「他の博士たちがなした以上に教会を輝かせた」との理由で、聖者に指名された。

霊魂

冒頭でも述べたように、聖トマスはアラブ哲学に共鳴した（もちろん、ある程度までの話である）アリストテレス学徒だった。その考え方のゆえに、彼はパリでもナポリでも、大学当局や、何らかの理由でアリストテレスよりもプラトンを好んだすべての人びとと対立した。対立の理由は、霊魂の特性にあった。霊魂とは何か？　それは心と頭脳のような身体の一部――個人個人により異なり、おまけに不死な部分――なのか？　それとも、すべてアヴィケンナやアヴェロエスも言ったように、何年か私たちの内に生き、その後、神の知性に回帰する、神の心の一小部分なのか？　もっとも厳格な修道士たちは彼に対して、個々人の霊魂を信じないのは、冒瀆の言葉を吐くに等しい、と注意を促した。すると、彼はこう洒落を弄して逃がれた。彼は言うのだった、〝二重の真理〟が存在する、つまり、理性に基づく哲学的真理と、啓示に基づく神学的真理が存在するのだ、と。他方、彼はこうも付言していた――アリストテレスがキリストより四〇〇年前に生まれたのは、なにも彼の罪ではない。もしも後に生まれたとしたら、きっと自らの霊魂観をキリスト教に合わせたであろう、と。

ただし、第三の真理、つまり、霊魂の非－存在が可能かも知れないということは、誰の頭にも思い浮かばなかったのである。

直理

四十歳のときに、彼はもっとも有名な著書の一冊『対異教徒大全』(*Summa contra gentiles*)を書いた(当時、〝異教徒〟とは、キリスト教を信じないすべての人びとを指していた。彼らが特別に礼儀正《ジェンティーリ》しかったからではなくて、彼らのこの呼称がラテン語 *gens* の複数 *gentēs*〔外国〕に由来していたからである)。彼が対抗していた〝異教徒〟はほとんどいつも、イスラム教徒だった。彼らの信条を一つずつ論駁し、彼らが誤った道を選んだのだということを、彼らに納得させるため、彼は全力を尽くしているのである。どういうやり方をしているか、見てみよう。

人は——と彼は言う——一つの分野には長《た》けているが、あらゆる分野に長《た》けてはいない。指し物師はテーブルの組み立て方を心得ているし、医者は病人の治し方を心得ている。しかし、すべてについて何でも心得ている者はいない。では、この〝すべて〟とは何か? それは真理である。で、いったい誰が真理を私たちに伝えることができるであろうか? 念頭に浮かぶ第一の答えはおそらく理性であるかも知れない。しかし理性は——とトマスは主張している——ほんの部分的にだけ私たちを手助けできる。実際、繰り返し理性を働かせた末に、神の存在に、ひょっとして霊魂の不死性にも到達できるであろうが、しかし三位一体、〔キリストの〕御託《たく》身、最後の審判、の存在を証明するには至らない。いくつかの神秘を開示できるのは、啓示のみである。いくらか学のある人びとは理性を働かせるおかげで、適当にやり抜くことができるが、無知な人びとは決してそうはいかないだろう。だからこともあろうに、無知な人びとこそが、もっとも信ずる必要があるのだ。

とにかく、理性はたとえ信仰に従属させられていようとも、その機能を有する。つまり、それは第一に、創造者の必然性を示すし、第二に、信仰の有益さを明証するし、第三に、信じない人びとと闘う。ではこの時点で、理性はどのように働くのかを見てみよう。

不動の原動力〔神〕

およそ自ら動くものはすべて、何ものかによって動かされているし、また無限に引き返すことはできない以上、結局は、宇宙の根源に大書された或る**モノ**——自ら動きはしなくて、他のものを動かしたそれ——が存在したはずだということを理解するに至る。これがアリストテレスが不動の原動力説で言っていることである。残念ながら、アリストテレスの時代には、神、つまり、不動の原動力は少なくとも五〇存在した。『神学大全』の中で聖トマスは、神の存在に関する証明を五つ私たちに供している。第一は、今しがた引用した不動の原動力の証明である。しかし、第一原因、必然、完成、究極目的、の証明も存在する。どう考えてもそれはつねに同じ証明なのであり、つまり、万物が立脚する基盤が存在しなければならないということであり、そしてこの基盤が神と呼ばれているのである。

では、神はどのようにつくられているのか？　諸賢は信じられないかも知れないが、聖トマスは『神学大全』の中で、彼が自ら知ったとおりのことを記述しているのであり、そして少しでも誰かがそれを読んだ後では、彼を信じてしまうであろう。したがって、神はこのようにつくられていることになる——つまり、神は不動で、必然で、完全で、いかなるインテリもできないくらい知的であり、そしてもちろん、第一原因なのだ。この聖者は言っている、〝否定的方法〟で記述することも、やろうと思えばできるであろう、と。つまり、神が持たないすべての不完全な点を列挙するやり方で。ただ、このやり方だと、ものすごく時間がかかるであろう。

私としてはいつも、神をひげを生やした爺さんとしか考えてこなかったのである。

存在論

聖トマスにあっても、その思想でもっとも複雑な部分は存在論である。これをよりよく知るには、私たちは〝本質〟と〝存在〟との間にある区別を把握しなければならないであろうし、実を言うと、これは容易なことではないのだ！

聖トマスに言わせると、存在はアヴィケンナに戻れば、存在している諸物の特性だけであるのに対して、本質はより大いなるもの、有の内部に閉じ込められており、かつこれを他のいかなる定義よりも同定するところの能力なのである。したがって、アリストテレスも教示しているように、本質と存在とは、可能態と現実態として、相互にもたれ合っている。これはどういう意味か？　私たちの目にするすべてのものは、潜勢的な力が現実に姿を変えたものにほかならない、ということだ。したがって、この世界は、神がかつては可能態にあったすべてのものを、現実態の形で呈示していることになる。では、可能態、つまり神は、現実態に変わる前にはいったい何をしていたのか？　何も、まったく何もしていなかったのだ。そのことなら私も承知している。教授によっては、こんな説明を読みながら、きっと口をへの字に曲げることだろう。ただし、事実はと言えば、こういう説明が理解の助けとなるのだ。はたしてトマスも言っていた――理性をもって私たちが直観できるのは、せいぜい神の存在であり、だが、神の本質は決して直観できない、と。

彼が『有と本質について』（*De ente et essentia*）を書いたのは、まだ三十歳にも満たぬときだった。もちろん、存在論の問題は当初から、アリストテレスと初めて出会ったときから、彼を魅惑してきたのだった。

幸福

幸福は肉体的快楽、権力、金銭、つまり、大半の人間どもが朝目覚めるときから、晩に眠りにつくまで没頭するすべてのこと、にあるのではない。幸福は、神を面《めん》と向かって見つめるという可能性にのみある。この文について、バートランド・ラッセルは、神は面《おもて》を持たないがゆえに、これを文字通りにとる必要がない、と私たちに忠告している(2)。

とにかく聖トマスにとっても、真の幸福は現世においてではなくて、来世においてのみ到達できることになっている。辛抱しろ、と私は言いたいところだが、せめてこの間、不幸にならないように努めたいものだ。

話によると、聖トマスは亡くなる前に、友人レジナルドにこう言ったという。「私の書いたものを私に読み返すことはしないでおくれ。どうも不正確なことばかり述べた気がするし、すべてを火にくべてしまいたくなるだろうから」。

私としても同じ思いだし、それだから、私は本章を読み返すのを慎しむのがよいだろう。

（1） これら年代に関してはっきりさせておかねばならないことは、本書中に挙げられているものはすべて、留保つきで、つまり、年を多少増やしたり減らしたりして読まれねばならないという点だ。

（2） バートランド・ラッセル（市井三郎訳）『西洋哲学史』第二巻「中世哲学・ルネッサンス哲学」（みすず書房、一九五五年）、一五五ページ参照。なお、ラッセルのこの本では、「アクイナスは注意している」となっている。（訳注）

第27章　ロジャー・ベイコン

昔、私の友人にフィリッポというのがいて、緑の党に入党していた。さて、何を言わんとしているのか？　私はフィリッポのことをまったく理解できなかった。〝緑〟としての限りでは、彼は地面に両足をつけた、自然愛好者、要するに、実際家であるはずだったが、逆に彼は感情的な人物、夢想家、だったのであって、とても理性的な話をできる男ではなかったのだ。かつて、私が十九世紀にはまだ大気汚染がなかったのに、肺結核がもっとも拡散した病気だったこと、そして平均四十八歳でみんな亡くなったことを彼に告げただけで、彼は私を全体論者だ、好戦家だ、と非難したのである（ところで、それに戦争がどうかかわっているのか、私にはまったく理解できなかったのだが）。さて、ロジャー・ベイコンも私の友人フィリッポと少しばかり似ていた。つまり、ベイコンは或る面では、科学および自然を信じていたのだが、もう一面では、魔法使いや、占い師や、あまり当てにならない人物とつき合っていた。彼が哲学者で数学者であるほかに、錬金術師で占星術師でもあったのは偶然でない。しかし、彼が生きたのは中世盛期であるし、だからフィリッポよりはるかに正当化できたことになる。

ロジャー・ベイコン（偉大なかのフランシスコ・ベイコンと混同してはいけない。彼もやはり英国人で、彼もやはり哲学者だが、生きたのは三〇〇年以上も後である）が生まれたのはたぶんオックスフォードで、一二一五年頃のことであり、成人するやフランスに移り、パリ大学芸術学部に入学した。その後、イングランドに戻り、フランシスコ会修道士となり、ロバート・グローステストに師事した。すべて自然観察に基づく教育の創始者だった。彼は言う、「われわれは頭脳を働かして、神の存在の可能性について推理する傾向がある。ときには神が存在すると信じ、ときには存在しないと信じる。ところが、目を見開いて周囲を見渡せば、生の神秘をよく理解することに成功するのではなかろうか?」そして、さらにこう付言している。「知の源泉は二つ、つまり、理性と経験である。しかし残念ながら、理性は懐疑全体を排除することには決して至らない。逆に、経験は欲するだけ反復できる以上、ついには貴重な協力者となるのである。しかし、経験にも二種類、つまり、外的経験と内的経験とがありうる。前者は五感から与えられるし、後者は天啓、つまり、恩寵から与えられる」。こうして、われらがベイコンは科学的前提から出発しながら、この上なく完全な神秘主義にすがる結果となっているのだ。当時の彼の同僚たちと比べれば、彼がスーパーテクニシャンであり、したがって、かなり善意をもって眺めるならば、彼が近代科学の先駆者の一人である、と確かに言えるのかも知れない。『技術と自然の不思議な力について』と題するその著作の中で、彼は未来のありうべき発明の数々を予見することに成功し、エンジン付きの船、自動車、飛行機、クレーン、潜水艦のことを話題にしている。以下に問題の個所を引用しよう。

漕ぎ手の助けなしで航海可能な特大の船を建造できるであろう……また馬に引かれずに進める車……や一人だけで飛べる機械……やどんなに重い物でも上げ下ろしできるたいして大きくない道具

……や海および川の底を走り抜けられる装置すらをも。

まあ、これ以上の予言をすることができた人はいないであろう！　ただし、彼はテレヴィジョンだけは予見しなかった。弟子たちから驚異的博士（Doctor Mirabilis）と名づけられ、大勢のファンを持っていた。彼の主著には『大作品』（*Opus majus*）、『小作品』（*Opus minus*）、『第三作品』（*Opus tertium*）があった。しかし、最後まで書き終えることができたのは、最初の著作だけだった。実を言うと、一二六八年に、彼をいつも庇護してきた法王クレメンス四世〔在位一二六五―一二六八〕が急逝し、その後すぐに、後継の法王グレゴリウス十世〔一二一〇―一二七六。在位一二七一―一二七六〕によって破門されたのである。

だが、どうして彼はそんなに大勢の敵をつくったのか？　簡単に言うと、嫉妬のせいだった。実際よくあることだが、彼は大学の同僚たちからあまり好かれていなかったし、しかも当時は、すべての教授は教会と仲が良かったから、誰かを異端だとか、もっとひどい場合には、異教の民族と秘かな関係を持ったとの理由で非難するのはごく容易だったのである。さらに忘れていけないことは、十三世紀初頭には、宗教を異にするさまざまな民族――モンゴル人、アラブ人、韃靼人《タタール》――がヨーロッパの境に迫っていたということだ。ベイコン本人もその『大作品』の中で、ありうべき侵略に用心するよう、ヨーロッパ人に勧告していた。彼は「韃靼人が支配欲を抱いている。彼らはその皇帝ばかりか、その神をもわれわれに強いようと欲するであろう」と書いていたのだ。サラセン人が絶えず西洋南部地域を攻撃していたことは言うまでもない。このことを理解するためには、今日でも、アマルフィ海岸を海路から眺めるだけでよい。すると、ほぼ一キロメートルごとに、サラセンの海賊を見張るための塔が建てられているのに気づく。「母さん、トルコ人だよ！」という表現が、イタリア南部の祖先によって生まれたのも偶然ではない。

とにかく、トルコ人であろうとなかろうと、われらがベイコンは科学との親炙のせいでフランシスコ会総長ジローラモ・ダスコリによって懲戒されたのだった。実に一四年間も修道院で監禁されたのである。最悪だったのは、彼が執筆を禁止させられたことだ。彼の計画のうちには、『諸科学綜合百科』を編纂することもあったのであり、これはあらゆる知識を宗教による条件づけから解放したかも知れないだけに、残念だ。

第28章　ライムンドゥス・ルルス

ルルスにとって、アヴェロエスとすべてのアヴェロイス派はがまんがならなかった。このアラブの哲学者が述べたり為したすべてのこと、とりわけ、人間は死ぬと魂をなくするという説がルルスには邪魔だった。彼は言うのだった、「老年とともに残忍になるというのはがまんできるし、身体が骸骨になるのもがまんできるし、病気が増えるのもがまんできる。しかし、魂もさながらうじ虫に蝕ばまれるかのように消え失せるというのは、とてもがまんできない」。こういう彼の考え、むしろこういう彼の強迫観念から、彼はキリスト教へ改宗させるべき、あるいは、実際上論争するための、誰かをいつも探し求めて中東全域を四方八方旅行することになったのである。このために、つまり、異教徒と論争するためにこそ、彼はアラビア語を習得したのだった。事実上、彼は三〇年後に、しかも唯一の攻撃用武器——言葉——を手に、たった独りで出発した、一十字軍士だったのである。

ライムンドゥス・ルルスまたは語頭と語尾に二つの〝エル〟Lの付いたラモン・リュル（Ramón Llull）はマリョルカ島のパルマで一二三五年に生まれ、一三一六年にチュニス近辺でアラブ人により投石されて死んだ。他方、結末はこうならざるを得なかった。つまり、彼は生涯アラブ人を苦しめてきたのだが、アラブ人のほうは初めて復讐をしたのだった。

彼の著作は厖大だ。主著は『大いなる術』(*Ars magna*)、つまり、神秘的目的を有する一種の百科事典だった。彼はこの本を天啓の結果トランス状態で、口述筆記したと言う。はたしてほんとうなのか? さあどうか? 確かなのは、ルルスのもっとも刺激的なテクストが『異教徒と三人の賢者の書』と題するものだということであって、ここでは、主人公の異教徒は懐疑に苦しんでいて、一人の美女に出会い、彼女から三人の賢者が紹介され、さらに五本の木を見せられる。この少女は知性を象徴しており、三人の賢者(つまり、三つの一神教)に質問する。そして、樹木のおかげで、彼女は三つの相異なる宗教を比較することに成功するのであり、これら三つはすべてキリスト教のためになるのだ。最後には、これらを結びつける特徴も、これらを区別する特徴も――したがって、三位一体、最後の審判、イエスの生命が――現われる。とにかく、キリスト教の長所を明かるみに出すために可能なことをやりながらも、ルルスはこの著作を閉じる際に、主人公に、もっとも納得のゆく信条がどれなのかを言わせてはいない。これはいわば、三つの宗教が全能なる唯一神の信仰に組み込まれることを分からせようとしているかのようだ。この著作は中世には大成功を博したし、いろいろの言語に翻訳されたのだった。

ルルスは『ブランケルナの書』と題する自伝小説も書いた。一放浪騎士が、当時の騎士道に特徴的な冒険生活から、異教徒の改宗に没頭して霊的生活へ、そして最後に、神を視るぐらいな隠者経験へと移行してゆく話が語られている。

多種多様なテーマ（論理学、占星術、医学、数学、幾何学、教育学）に関心を寄せたライムンドゥスは、樹木に特別な興味を抱いていた。実際、『学問の木』と題する論文の中では、一本の木がどう出来上がっているか、根、幹、枝、葉、実どうしの違いがどうなっているかを、いつも人の心の樹木の各部分と比較しながら逐一説明してくれる一修道士と出会ったことが語られているのである。

そのほかに、二五〇冊の本を出した。そのうちには、『瞑想についての書』、『光輝の書』、『創造の書』、『愛する者と愛される者の書』（ここで愛する者とはキリスト教徒のことであり、愛される者とはイエスのことである）、『騎士道の書』、『驚異の書』、『昇降する知性の書』、最後に、言い忘れるところだったが、『失望の書』がある。

第29章　アジェーノレ・クピオ

いつも私は〝ナポリの哲学者〟というレッテルに悩まされている。実際、いつもますます、私にはそんなレッテルがくっつけられる破目となっている。特に、テレヴィジョンで招かれて出演すると、「みなさんナポリの方々は、みんな多少は哲学者です」という馴染みの句が背負わされる。いつも私はいささかむっとして答えているのだが、これは絶対に真実ではないのだ。なにしろ、ナポリ哲学者のパーセントは（ジャンバッティスタ・ヴィーコやペスカッセローリに生まれたベネデット・クローチェを含めても）北イタリアの諸都市に生まれた哲学者たちのそれよりはるかにずっと少ないからだ。これに付言して、この上なくけなされたカンツォーネを見よう。

Basta che ce sta 'o sole,
che ce rimasto 'o mare,
'na nenna a core a core
e 'na canzone pe' cantà,
chi ha avuto, ha avuto, ha avuto,
chi ha dato, ha dato, ha dato,

太陽だけあればよい、
海が残ればよい、
心と心の愛の歌
カンツォーネを歌うため、
もらった人、もらった人、もらった人、
やった人、やった人、やった人、

scurdammece 'o passato,
simme 'e Napule paisà

過去を忘れようよ、友よ、
俺たちゃ、ナポリにいるんだぜ。

また、これに劣らず恐ろしい句「サン・ジェンナーロはいかれてしまった」(San Gennà Fottatenne) が聖ジェンナーロ像の下に彫られたのは、奇跡が公けに疑われた日なのだが、これは哲学に関する観念がしばしばいかにアバウトであるかについての、私たちナポリ人の明白な証明である。

この時点ではこう自問してよかろう——「で、中世にナポリの哲学者は存在したのか?」と。たしかに存在したのだ。たぶん、アフリカのタガステで生まれた聖アウグスティヌスとか、カッシーノ山近くに生まれた聖トマスほど有名ではないかも知れないが、それでも、引用に値いする人びとがいたのだ。たとえば、ひとりは十二世紀末の人で、死の不可避さをみんなに思い起こさせ続けたせいで、〝死をもたらす〟(*θανατὶ φόροι*) と言われた放浪思想家の一群を形成した。この〝タナテフォロイ〟の指導者はアジェーノレ・クピオと呼ばれていた。大不運を招く人と思われており、ピーニャセッカ界隈の住民はみんな彼を避けていたのである。

簡単に言えば、彼の接近術は以下のとおりだった。

「君、どうかしたのか?」とクピオは足をひきずっている友を見かけると尋ねるのだった。

「階段から落ちて足を骨折したんだ」とその友が答えた。

「おめでとう」とクピオはすっかり満足気に叫びながら、友の手を握る、「君が死んだとしたら、どうだろう! 今ごろ君の奥さんは絶望的な未亡人になっており、君の子たちは食べる金もない貧しい孤児になっているだろうよ。ところが、ありがたいことに、ほら、このとおり、君はぴんぴんしている。ちょっとは足を引きずっていても、遅かれ早かれ治るだろうよ。」

要するに、私の嫌いな表現をもって言うならば、彼は隣人に対して「哲学をもって考えること」を勧めていたのであり、それから、こう付言するのだった、「ソクラテスがシミアスに語っている『ファイドン』の個所を読みたまえ。《私は魂の転生を信じて生涯ずっと過ごしてきた後で、今まさにその瞬間が到来したからと悲しむのは滑稽なことになるだろうよ。哲学とはこのことに、死に慣れるのに役立つのだ》」。

その後、みんなは彼から遠去かり、厄払いをしたり、〔祟《たた》りを逃がれるために〕性器に触れたりするのだった。別のときには、知人から、何が一番怖いか——苦しんだ挙句の死か、それとも急死か——と尋ねられて、彼は答えるのだった、「苦しみの総計はいつも同じであって、それは去ってゆく者と残る者との間で分けられるのだよ。去ってゆく者の苦しみが多ければ多いほど、残る者の苦しみは少なくなる。逆に、残る者たちは、瀕死の人が早く苦しみ終えることを望むものなのだ。それに対して、反対のことは急死が生じるときに起こる。この場合には苦しみが、生き残る人たちの上に全部振りかかる」。

アジェーノレ・クピオは、残ってはいないが、『不幸の中でも幸福でいる法』(*Come essere felici nella disgrazia*) と題する小冊を書いた。この本は病人の間で大成功を収めたらしい。

第30章　ドゥンス・スコトゥス

中世の末期には、科学が宗教に対してだんだんと優勢になってゆく。当初は、科学はスコラ哲学の科目の中にさえ含まれていなかった。それから、十三世紀には、知の扉を何度もノックしたおかげで、科学は信仰の一種の〝家政婦〟となる。つまり、使用可能な一つの道具となるのだが、ただし、それも神の存在を論議しないという条件づきだった。すでに聖トマスも自らのアリストテリズムで試みたのだったが、最初の結果が垣間見えだすのは、ドゥンス・スコトゥスになってからである。とはいえ、あまり幻想を抱かないように要注意。それは依然としておずおずとしたアプローチに過ぎないのだから。一例を挙げよう。ドゥンス・スコトゥスは言っている、「ある真理は頭脳で把握されうるが、それは或る時点までに過ぎず、そこを超えると、天啓が不可欠である」、と。この場合、彼は科学を賛美しながらも、同時に全能の神に比べて科学の限界を認めているだけに過ぎないのである。彼がこんなことを言ったのは、確信があったからではなくて、教会当局と仲たがいしないためだったのではあるまいか？　他方、彼の立場に身を置くとしよう。当時、支配していたのは司祭たちである。彼の給料、それとともに、彼の生存は、彼らに依存していたのだ。ベイコンは一四年間も牢獄に閉じ込められた生活をして衰弱したが、こういう最期を送らないためにも、ドゥンス・スコトゥスは何らかの小さな譲歩をしなければならなかったのだ。だからこそ、すべての人びと、まさしくすべての人びとが、核心〔死〕に至ったときには、あるいは恩寵を、あるいは作因知性を、あるいはさらに、天からの光さえをも引き合いに出していたのである。重要なのは、神の存在以外に、自分自身の存在〔生命〕をも救うことだったのだ。

けれども、十四世紀初頭に国家と教会との関係でなにかが変化するのであり、この結果、重みをもつ人物はすべて、フィリップ端麗王〔四世（一二六八―一三一四）〕の側に立つか、それとも、ボニファティウス八世〔一二三五頃―一三〇三。在位一二九四―一三〇三〕の側に立つか、立場をはっきりさせねばならなくなる。最大の衝突が起きるのは、シャッラ・コロンナがフランス王の使節と共謀して、法王に平手打ちを食らわした〝アナニの侮辱〟のときである。一三〇三年のことだ。数年後、法王庁はローマからアヴィニョンに本部を移すのであり、われらがスコトゥスもどの側に立つかを選ばねばならなくなる。ある公会議で、彼はボニファティウス八世の行為を非難するよう要求されて、パリ大学の他の教授たちとともに、正当にもこう反論、あるいは正確には、こう言明することになる――「私の職業は哲学の教授でありますし、ただ形而上学、論理学、存在学……要するに、政治とは無関係なことだけに没頭しております」。しかし、こんなことは言わないほうがよかったのだ。一週間が過ぎると、彼はフランス王国のすべての大学から追放される破目になる。

ヨハネス・ドゥンス・スコトゥスは精妙博士（Doctor Subtilis）として知られた。生まれたのは一二六六年、スコットランドのモークストンにおいてだった。同僚ロジャー・ベイコンと同じく、一二八一年にはフランシスコ会士となり、オックスフォードとパリで学び、両方の大学で教え、その後、僅か四十歳前後の一三〇八年にケルンで客死した。彼の著作とされているものには、『オックスフォード著作』、『パリ筆写集』、『存在の第一原理』、『形而上学』、『論理学』、『自由解釈』、『霊魂論』がある。はたして、全部を彼が書いたのかどうかは判然としない。

ドゥンス・スコトゥスは科学を信じつつも、これを二つの科目に、正確には、実証科学と蓋然科学に区分しており、こうすることによって、哲学を神学から切り離している。哲学は懐疑を伝えるのに対して、神学は人間がよりよく生きるのを助ける。言わば、「信仰をもつ人びとは幸せだ。彼らは生の最期の部分において、つまり、まさしく考えることが開始されるそのときに、もっと幸せになるであろう」というようなものである。そこで、神学とは、理論的学問であるばかりか、実践的科学でもある、とドゥンス・スコトゥスは結論している。信ずるために試みるのだ。

視覚の第一の機能は、黒白を区別することだが、これと同じく、知性の第一の機能は、存在するものを存在しないものから——したがって、有を非有から——区別することにある。ただし、有の概念は（トマスが言っていたような）神と世界との相似性にあるのではなくて、絶対的な一義性にある。ところで、神を世界に比べようとすれば、私たちが言いたいと思う唯一のことは、前者が後者を創造したということであるし、この点では、私たちみんなが同意する。けれども同時に、ドゥンス・スコトゥスはプラトンのテーゼ、つまり、個物〔個体〕は普遍概念の投影にほかならないというテーゼを拒否している。

最後に、『存在の〔第一〕原理』なる論文の中で、この哲学者は神の実存について小さな証明をも試みているので、どのような結果になっているかを見るとしよう。

彼の主張では、ありうるすべての存在の間には――したがって、当面不可視な最大の価値の存在にも――ヒエラルキーがあるという。これはたとえてみれば、頂上が見られないピラミッドに相対しているようなものである。頂上は見えなくても、それを想像することはできる。幸福は天啓から、したがって、信仰からのみ確かに獲得できるのだ。

スコトゥスによれば、人は自由に善も悪も追求できる。神は人に正道を示す以上のことはなし得ない。「もしこれを誤ったとしたら、自分のせいだ」、と彼は言っていたのである。ちなみに、私が子供の頃、サンタ・ルチーア教区司祭アタナジオ神父も、十字を切りながら同じことを言ったものだった。

第31章　パドヴァのマルシーリオ

これまで私たちは政治のことは全然語らなかったが、正確に言うと、政治のことばかり、つまり、教会を精神的指導者に選んだ人びとと、逆に理性（ここでの理性とは、自然科学や、これとともに、現職の皇帝に対する忠誠を意味する）を選んだ人びととの間の葛藤を話題にしてきた。マルシーリオ・デイ・マイナルディーニはこの第二群に加わった。つまり、彼にとって法とは迅速に解決されるべき一つの実践であって、仮定的なあの世に回付されるべきではなかったのである。もちろん、マルシーリオは地上の正義を信じたために、たちまち敵をつくったし、とりわけ、主から選ばれた限りで、絶対権力を行使していた人びと（つまり、司祭たちやその側近全体）を敵に回したのだった。

マルシーリオは一二七五年にパドヴァに生まれた。そして、子供の頃からアヴェロエスの熱烈なファンだった。アヴェロエス主義者として、彼は霊魂の不滅を信じなかったし、したがって、同時代人ダンテ・アリギエーリには悪いが、天国も煉獄も地獄も信じはしなかった。『神曲』はマルシーリオにとっては、たんに一篇の詩作品に過ぎなかった。むしろ彼はダンテをノン・ポリと判断していたのであり、これも間違ってはいなかった。なにしろ、この詩聖は政治に関しては、グエルフィ（法王）党白派に属していながら、いつも好き勝手を働いていたからである。誰かを地獄に送り込まねばならなかったときには、彼は当の人物がすでに亡くなり葬られたときにのみ、そうしていたのだが。

マルシーリオを読めば読むほど、私は法廷のモットー「法は万人に平等なり」の創始者が彼だったのではないか、と信じさせられるのだ。実際、彼は『平和擁護論者』(*Defensor pacis*)という本の中で、ずばりこう言明しているのだ。「個人が聖職者であれ、農民であれ、大工であれ、そんなことが、個人を裁いている者の目にいかなる重要性ももつべきではないだろうということは、ちょうど患者の職業も医者にはいかなる重要性ももつべきではないだろうということと同じである」。だから、被疑者が聖職者であるかないかに応じて裁きを行えという当局の要求は、正真正銘の権力濫用なのだ。より簡単な言葉で語らんと欲して、マルシーリオは言っている、「一つは、われわれ各人が国家に対して負うている市民の義務であり、もう一つは、われわれを世に送ってくださった方に対してわれわれが負うている精神的義務である。前者は法と関係があるし、後者は霊魂と関係がある。相互を混同するのは困る」、と。

こういう考え方をすることにより、マルシーリオはすぐ多数の敵をつくったし、そして通則どおり、破門された。投獄されないように、彼は他の破門された人びとと一緒に夜中にアヴィニョンから逃亡し、そして、神聖ローマ皇帝の候補者だった、友人バイエルン公ルードヴィヒ四世〔一二八七―一三四七〕のもとに避難した。それで、法王ヨハネス二十二世はバイエルン公ルードヴィヒをも破門したのだが、ルードヴィヒは今度は法王を異端と非難するために、司教会議を特別に企てた。要するに、当時はこういう時代だったのである。

一三一二年には、マルシーリオはパリ大学学長となり、破門されるまで、この地位にあった。彼によると、命令するのは民衆だけであるべきであり、それで十分なのだ。正確に言えば、民衆のうちの、彼が言うより有能な部分（pars valentior）——思慮分別に関しては、無教養な平民よりもましな人びと——だけが命令すべきだ、と考えたのである。もし彼が今日生きていれば、義務教育を終えた人びとだけに投票させるよう私たちに勧めるであろう。彼は私たちに言うであろう、「テレヴィジョンを通してもっとも無知な人の心を隷属させることができるのだから、どうしてあまり隷属させにくい人びと、つまり、より教育を受け、情報通の人びとだけに投票させないのか？」と。これは確かに名案だ！

第32章　オッカムのウィリアム

大学生のとき、私は陸上競技を懸命に行った。もっとも満足したのは、四人による四〇〇メートル・リレーだった。ところで、これを知らない方のために言っておくと、四人による四〇〇メートル・リレーとは、各選手が持ち分の区間を走り終えると、バトン（〃たすき〃）を班の仲間の一人に手渡し、この仲間はそれを摑んでから、さらにゴールインすべき第四区間走者にまで、次々とレースを続行する競技のことである。ところで、ドゥンス・スコトゥスとオッカムのウィリアムに起きたこともだいたい同じようなものだった。つまり、前者が後者にバトンを手渡し、後者は前者の始めた論点を続行したのである。ドゥンス・スコトゥスにとり哲学とは、現実から離れている限りでは貧弱な科学だったのに対して、オッカムのウィリアムにとりそれははなはだ豊饒な科目だったのだが、ただし、神学で時間をむだにしないことという条件付きでの話である。ウィリアムにとっては、哲学と神学は乗り越えられない溝ですっかり分け隔てられた、二つの異なる人生の観方だった、と言っておこう。

フランシスコ会修道士だったオッカムのウィリアムは、ある日、法王ヨハネス二十二世に次のメッセージを送った。「聖フランチェスコの生涯を注意して読まれるならば、真のキリスト教徒らしい生き方が何を意味するのかということがお分かりになりましょう。厚顔無恥な法王さま、朝から晩までビロードと宝石だらけの応接間でゆったり暮らしておられる、あなたさまのようではないことを！」。この手紙の件でアヴィニョンへ一三二四年に呼び寄せられて、彼は当初、ある修道院に四年間監禁されたが、その後、まさに裁判にかけられる前日に逃亡したのだった。彼と一緒に、フランシスコ会総長ミケーレ・ダ・チェゼーナと、破門の気配が迫ったもう二人のかわいそうな人物もいた。最後にバイエルン公ルードヴィヒのもとに避難してから、この皇帝の前に現われて、ウィリアムはこう言ったらしい、「あなたは剣で私を守ってください、そうすれば私はペンであなたをお守りしましょう！」と。しかしながら、そうこうするうち、法王が或る委員会に任命していた六名の高位聖職者たちは、あっという間に、四名の逃亡者に対して五一箇状の冒瀆起訴状を作成してしまった。

　当時、冒瀆罪は侮れるものではなかった。不幸な哀れな人物にとって、起きうる最悪のものだったのだ。最善の場合でも終身刑を被る可能性があったし、さもなくば、公けの広場で生きたまま火あぶりにされた。私がこう言うのも、事情をよく知ってのことであり、私自身も、一〇年ほど前に、レンツォ・アルボレとロベルト・ベニーニとともに、脚本『めんたま法王』（*Pap'occhio*）を書いただけで、宗教冒瀆罪で告発されたのである。この映画は引き続き禁書目録に入れられ、王国——いや失礼、共和国のつもりだったのだ——のすべての映画館から取り上げられてしまった。だが、私たちは危険をものともしないで、逃亡しなかったばかりか、生きたまま火あぶりにされることもなかったのである。

　オッカムのウィリアム（別名無敵博士Doctus Invincibilis）は一二九〇年にイギリスのサリーに

生まれた。実際には、彼は何者だったのか？ 彼は「すぐに核心に入り」、そして彼の判断では無用ないし余分と思われるものはすべて「切り捨てる」ことに成功した人だった。現実に対決するこの彼のやり方は「オッカムのかみそり」（Occam's razor）として歴史に残った。スコラ学者たちが当時まで言っていたことはことごとくだいなしになったし、したがってまた、有の一義性、究極因といった形而上学的概念、実質という形而上学的概念、アリストテレスの諸範疇、最後に、普遍概念、もだいなしになってしまった。彼にとって、普遍概念は「言葉であり、言葉以外の何物でも」なかった。ましてや、法王、司教、枢機卿をも含めて、教会位階制が不可欠とは彼は考えなかった。彼の判断では、尊敬に値いする存在は、ただ神と人類だけだったし、まさにこれで十分だった。しかし、彼を全面否認者としての噂を流す前に、彼に何か厳密なことを訊いてみよう。

質問――「神は存在しますか？」

回答――「はい、存在します。ただし、聖トマスや聖アンセルムスが私たちに証明したようにではありません。神を信ずるには、アリストテレスとアヴェロエスを読めば十分です。神は存在します。なにしろ、無限はもう想像可能な概念だし、証明される必要がまったくないからです。」

けれどもあいにく、当時存在していたのは、キリスト教についての二つの考え方だけだった。つまり、法王庁にとっては、権力の一手段だったし、逆に、フランシスコ会士たちや特にウィリアムにとっては、福音の伝道だったのである。

スコラ哲学は当初は、科学と宗教とを共存させるために全力を尽くした。それから、年月、いやむしろ、世紀が経過するにつれて、この二つの学問はだんだんと互いに離れ離れになってゆき、二つの異なる科目となり、まさしくオッカムのウィリアムのおかげで切り離されてしまったのだ。彼は中世の最後の哲学者にして、近代の最初の哲学者の称号を受けても当然なのである。

彼が信じていた説はラディカル経験主義だったのであり、これによれば、直接経験の限界を超えるすべてのものは、たしかに興味深いのだが、もちろん、盲目的に信じられはしない。たとえば、あの世の話をするとしたら——とウィリアムは言っていた——、譲歩しうる最大限のことは、それが存在するようにと希望することぐらいであって、これ以上にはもうない。そうなると、二種の知が、つまり、直観的な知と、抽象的な知とが現われる。前者はまた、完全なる知と、不完全なる知とに分かれる。完全なる知が得られるのは、経験で証明できる場合である。逆に、不完全なる知が得られるのは、それが仮定のレヴェルに留まる場合である。最後に、抽象的な知は、芸術家や詩人に特有のものであって、それは現実から離れており、若干の人間だけが有する能力である。

もちろん、この種の説は、盲目かつ絶対の信仰に基づく体制の中では容認され得なかった。それゆえ、冒瀆罪で告発され、その結果、追放処分とあいなるのである。

私としては、今日オッカムのウィリアムが天国にいて、この場所を直接に知り、生涯彼が望んでいたすべてのことの証拠を見つけられたなら、と願っている。

訳者あとがき

『物語ギリシャ哲学史』Ⅰ・Ⅱを訳出した者として、今回のクレシェンツォの新著『物語中世哲学史』に取り組むことは当然の楽しい義務である。イタリアで爆発的なヒットを飛ばしていることを各種のパンフで知っていたのだが、実際に訳筆を進めてみて、それの理由が如実に実感できた。いくど、微笑させられたことか！　おそらく、中世哲学史では、史上もっとも愉快な物語といっても過言ではあるまい。

U・エコの『中世美学史』を数年前にやっていたこともあり、いろいろと考えさせられることも多かった。そもそも〝中世〟とは、ジョルジョ・ヴァザーリが、輝かしい二つの時代（古典古代とルネサンス）に挟まれた「野蛮の数世紀」と形容した時代であり、ウィリアム・P・ケアは『暗黒時代』（*The dark ages*, 1904）を著したところからも、いたって暗いイメージしか持たれていない、と言ってよかろうし、これが通念でもあるだろう。

ところが、クレシェンツォの筆にかかると、話は一変する。しかも彼自身も触れているように、魔女や十字軍、アイモン、アジェーノレ・クピオの例まで出てくるのだ。本書では〝コーヒー・ブレーク〟の章はあえて掲げられていないが、あるいは、これらの章はクレシェンツォのうちではそう意識されていたのかも知れない。彼の自伝的体験が随所に鏤められていることはいうまでもない。

あまり詳しく書き連ねるのは、著者に失礼だし、読者諸賢の読む楽しみを半減することにもなろうから、このへんで止めにしておく。

ラッセルの「哲学史」を賛美するクレシェンツォのことだから、いずれ『物語ルネサンス哲学史』*も発表するものと期待される。

今回は、他の外国語訳が未刊のこともあり、G. Piazza 氏の協力を仰いだ。書房の宮永捷氏には、重ねてのオーヴァーワークをお願いする結果となり、恐縮している。願わくば、『物語ギリシャ哲学史』同様に読書界に迎えられんことを。

二〇〇三年五月二十四日　行徳にて

谷口　伊兵衛

* これは現実となった！『物語近代哲学史――クサヌスからガリレイまで――』（二〇〇三年）がそれだ。中味はほとんどルネサンス期の人びとであるのだが、クレシェンツォ一流の現代的視点から――クレシェンツォの定義では、近代とは「ヒューマニズムの始まる時代」（一七〇ページ参照）のことである――書かれているのが特徴である。本書も而立書房から共訳で続刊されることになっている。

索　引

人名索引

ア　行

カ　行

サ　行

タ　行

ナ　行

ハ　行

マ　行

ヤ　行

ラ　行

書名索引

ア 行

カ 行

サ 行

タ 行

ハ 行

マ 行

ヤ 行

ラ 行

ワ 行

〔訳者紹介〕
谷口伊兵衛《たにぐちいへい》（本名：谷口　勇）
1936年　福井県生まれ
1963年　東京大学大学院西洋古典学専攻修士課程修了
1970年　京都大学大学院伊語伊文学専攻博士課程単位取得
1975年11月～76年6月　ローマ大学ロマンス語学研究所に留学
1992年　立正大学文学部教授（英語学・言語学・西洋古典文学）
1999年4月～2000年3月　ヨーロッパ，北アフリカ，中近東で研修
主著訳書『ルネサンスの教育思想（上）』(共著)
『エズラ・パウンド研究』(共著)
『中世ペルシャ説話集』
「教養諸学シリーズ」既刊7冊（第一期完結）
「『バラの名前』解明シリーズ」既刊7冊
「『フーコーの振り子』解明シリーズ」既刊2冊
「アモルとプシュケ叢書」既刊2冊ほか

ジョバンニ・ピアッザ（Giovanni Piazza）
1942年，イタリア・アレッサンドリア市生まれ
現在ピアッ座主宰。イタリア文化クラブ会長
マッキアヴェッリ『「バラの名前」後日譚』，『イタリア・ルネサンス　愛の風景』，アプリーレ『愛とは何か』，パジーニ『インティマシー』，ロンコ『ナポレオン秘史』，クレシェンツォ『愛の神話』，マルティーニ『コロンブスをめぐる女性たち』，サラマーゴ『修道院回想録』（いずれも共訳）ほか

物語中世哲学史――アウグスティヌスからオッカムまで――

2003年11月25日　第1刷発行

定　価　本体1800円＋税
著　者　ルチャーノ・デ・クレシェンツォ
訳　者　谷口伊兵衛／ジョバンニ・ピアッザ
発行者　宮永捷
発行所　有限会社而立書房
〒101-0064　東京都千代田区猿楽町2丁目4番2号
振替00190-7-174567/電話03（3291）5589
FAX03（3292）8782
印　刷　有限会社科学図書
製　本　大口製本印刷株式会社

落丁・乱丁本はお取り替えいたします。

ISBN 4-88059-308-7　C1010

ウンベルト・エコ他／谷口伊兵衛編訳　1999.3.25刊　四六判上製　324頁　定価1900円

エコの翻訳論——エコの翻訳とエコ作品の翻訳論——

教養諸学シリーズ⑤

ISBN4-88059-260-9 C1010

レーモン・クノーの『文体練習』を自らイタリア語訳することで、早くから翻訳方法論を実践してきたエコの記号論的翻訳論と、『バラの名前』の各国の翻訳者たちの方法論やその出来映えを論じた諸論文を収録。

G・アプリーレ／谷口　勇、G・ピアッザ訳　1993.4.25刊　四六判上製　320頁　定価1900円

愛とは何か——万人の幸福のために——

ISBN4-88059-174-2 C1011

類書は巷間に珍しくないが、意外に良書は乏しい。イタリアの性学者・精神分析医による本書は、砂漠の慈雨といってよい。「愛の科学シリーズ」の一冊。

W・パジーニ／谷口　勇、G・ピアッザ訳　1993.3.25刊　四六判上製　288頁　定価1900円

インティマシー〔親密論〕—愛と性の彼方で—

ISBN4-88059-192-0 C1011

ジュネーヴ大学の精神医学教授の手になる本書は、エイズ時代の今日、真の人間性とは何かを“インティマシー”を通して平易に解説している。イタリアのベストセラー。「愛の科学シリーズ」の一冊。

L・デ・マルキ／谷口伊兵衛訳　近刊

愛と死

「愛の科学シリーズ」の一冊。

ヨルゴス・D・フルムジアーディス／谷口勇訳　1989.2.25刊　四六判上製　344頁　定価1900円

ギリシャ文化史　古代・ビザンティン・現代

ISBN4-88059-122-X C1022

作家であり詩人でもあるギリシャ人の手による鳥瞰図的通史。とりわけ、言葉を中心にすえた近代ギリシャ文化創生の苦闘と、ニコス・カザンツァキスを中心とする“現代篇”、“ビザンティン篇”は類書をよせつけない。

ダリオ・G・マルティーニ／谷口勇、G・ピアッザ訳　1992.10.10刊　四六判上製　160頁挿絵入り　定価1500円

コロンブスをめぐる女性たち

ISBN4-88059-167-X C0023

Ⅰ章「コロンブス—悪徳と美徳—」、Ⅱ章「コロンブスをめぐる女性たち」。
イタリアの劇作家・コロンブス研究家によるユニークなコロンブス伝。
ゆかりの女性たちを花々にたとえて生き生き描き出す。

ルチャーノ・デ・クレシェンツォ／谷口勇、G・ピアッザ訳

1995.4.25刊
四六判上製
128頁
定価1500円
ISBN4-88059-202-1 C0010

疑うということ

マリーア・アントニエッタ侯爵夫人の65歳の晩餐会の席に、邸の前でエンストを起こした技師デ・コンチリースも招待された。その夜、技師から、侯爵夫人は、もしかするとあったかもしれない過去とその結果招来したであろう未来を見せられる。

ルチャーノ・デ・クレシェンツォ／谷口伊兵衛訳

近刊

クレシェンツォ言行録―ベッラヴィスタ氏かく語りき―

イタリアの異能クレシェンツォが、ニーチェの『ツアラトゥシュトラ』に擬して著した、現代に向けての新・言行録。彼自ら主役の映画も製作されている。英・西・独、等の諸国語に訳されている。

ルチャーノ・デ・クレシェンツォ／谷口伊兵衛訳

近刊

わが恋人ヘレネー―現代版トロイア物語―

イタリアの異能クレシェンツォが、トロイア戦争を舞台に波瀾万丈のスペクタクルを展開させる。神話入門としても最適。十数カ国語に翻訳中の注目作品。乞う御期待。

ルチャーノ・デ・クレシェンツォ／谷口勇、G・ピアッザ訳

ビデオ
1995.4.25発売
90分、5000円
サブテクスト
1995.11.25刊
四六判上製
228頁
定価1500円
ISBN4-88059-206-4 C0070

『愛の神話』（ビデオテーク）

作家であり、映画監督で市井哲学者としても著名な、鬼才クレシェンツォがギリシャ神話をテーマにして製作したビデオテークの第１作『愛の神話』の日本語版。“愛”の典型を、映像と活字から迫る力作。

ルチャーノ・デ・クレシェンツォ／谷口伊兵衛、G・ピアッザ訳

近刊

『英雄たちの神話』（ビデオテーク）

『愛の神話』に続く第２弾。クレシェンツォの解説はますます冴え渡っている。伊語・日本語のDVで二重の鑑賞が楽しめる。ビデオテークの第２作。

谷口伊兵衛訳

近刊

ラーマーヤナ（挿絵入り／インド古典の平易な解説書）

谷口伊兵衛訳

近刊

マハーバーラタ（挿絵入り／インド古典の平易な解説書）

ルチャーノ・デ・クレシェンツォ／谷口　勇訳

1986.11.25刊
四六判上製
296頁
定価1800円

物語 ギリシャ哲学史Ⅰ　ソクラテス以前の哲学者たち

ISBN4-88059-098-3 C1010

古代ギリシャの哲学者たちが考え出した自然と人間についての哲理を、哲学者たちの日常生活の中で語り明す。IBMのマネジャーから映画監督に転進した著者は、哲学がいかに日常のことを語っているかを伝えてくれる。

ルチャーノ・デ・クレシェンツォ／谷口伊兵衛訳

2002.10.25刊
四六判上製
302頁
定価1800円

物語 ギリシャ哲学史Ⅱ　ソクラテスからプロティノスまで

ISBN4-88059-284-6 C1010

前篇に続く、有益で楽しい哲学史ものがたり。前篇以上に著者の筆致は冴えわたる。独・仏・スペイン・韓国等の各国語に翻訳され、いずれも大成功を収めている。

ルチャーノ・デ・クレシェンツォ／谷口伊兵衛訳、G・ピアッザ訳

近刊

物語 中世哲学史　アウグスティヌスからオッカムまで

ギリシャ哲学史に続く、著者の愉快この上ない面白哲学講義。イタリアのジャーナリズム界の話題をさらった一冊。

ルチャーノ・デ・クレシェンツォ／谷口伊兵衛訳、G・ピアッザ訳

近刊

物語 近代哲学史　クザーヌスからガリレオまで

ルネサンス期を近代の誕生と捉え、生々しく描く。著者のもっとも円熟した一冊。イタリアで大ヒットしている。

ルチャーノ・デ・クレシェンツォ／谷口伊兵衛訳

近刊

自　　伝―ベッラヴィスタ氏の華麗な生涯―

デ・クレシェンツォの哲学者的な一生を軽妙な筆致で描き切る。映画化計画中。スペイン語他の外国語への翻訳もいくつか計画されている。

ルチャーノ・デ・クレシェンツォ／谷口伊兵衛、G・ピアッザ共訳

2003.9.25刊
B5判上製
144頁
定価2500円

クレシェンツォのナポリ案内―ベッラヴィスタ氏見聞録―

ISBN4-88059-297-8 C0098

現代ナポリの世にも不思議な光景をベッラヴィスタ氏こと、デ・クレシェンツォのフォーカスを通して古き良き時代そのままに如実に写し出している。ドイツ語にも訳された異色作品。図版多数。